值共创模式下的客赢利性测量与管理

within the Context of Value Co-creation

Measurement and Management of Customer Profitability

陈少霞 著

吉林大学出版社

·长春·

图书在版编目（CIP）数据

价值共创模式下的顾客赢利性测量与管理／陈少霞
著. -- 长春：吉林大学出版社，2021.5
ISBN 978-7-5692-8301-3

Ⅰ.①价… Ⅱ.①陈… Ⅲ.①顾客满意战略 – 研究
Ⅳ.①F719

中国版本图书馆 CIP 数据核字（2021）第 094454 号

书　　名　价值共创模式下的顾客赢利性测量与管理
　　　　　JIAZHI GONGCHUANG MOSHI XIA DE GUKE YINGLIXING CELIANG YU GUANLI

作　　者　陈少霞 著
策划编辑　甄志忠
责任编辑　周鑫
责任校对　赵黎黎
装帧设计　阅客·书筑设计
出版发行　吉林大学出版社
社　　址　长春市人民大街 4059 号
邮政编码　130021
发行电话　0431–89580028/29/21
网　　址　http://www.jlup.com.cn
电子邮箱　jdcbs@jlu.edu.cn
印　　刷　梅州市城西印刷有限公司
开　　本　787mm×1092mm　　1/16
印　　张　11
字　　数　173 千字
版　　次　2022 年 1 月　第 1 版
印　　次　2022 年 1 月　第 1 次
书　　号　ISBN 978-7-5692-8301-3
定　　价　48.00 元

前　言

　　随着顾客忠诚在顾客关系管理实践中的"失灵"，学术界与商业界开始怀疑以"顾客忠诚"作为管理指标的有效性，甚至认为，顾客只有价值之分而无忠诚之别。早在1997年，Dowling和Uncles就对顾客忠诚的赢利性进行大胆的质疑，并认为"忠诚的顾客更具有赢利性的论点"是笼统且过于简单的。不少学者也实证证明，顾客忠诚与赢利性的弱相关关系。以顾客忠诚为评价指标的管理策略的失效，促使学术界和业界认识到不能简单地凭借行为忠诚或历史收益管理顾客，而需要寻求更可靠的顾客评价指标，以准确鉴别真正具有赢利性的顾客，从而创造更大利润。这促进了对顾客赢利性管理的重视，而其测量模型——CLV（customer lifetime value，CLV）模型的研究也成为热点之一。

　　回顾现有研究成果发现，CLV在顾客管理中的有效性和优越性已经得到充分认识，最近十多年，对CLV测量模型的优化和修正研究也不断取得新成果，CLV的内涵范围和计量精确度着实取得新进展。尤其是信息技术的高速发展和需求的个性化促使营销思想由产品导向逻辑（G-D logic）向服务导向逻辑（S-D logic）转变，由此催生了创新2.0时代的到来，企业逐步向价值共创商业模式发展，顾客体验更是成了新的价值基础，顾客参与所带来的隐性价值更成为赢利性的重要价值成分。然而，可以发现，当前对CLV的内涵范围的研究更多聚焦于顾客购买所带来的价值。虽然已有学者强调并构建模型测量顾客的间接价值，但关于CLV的价值结构依然没有得到深入的剖析，各价值成分的形成机理没有得到充分的诠释。尤其是顾客参与所带来的知识价值的内涵及其测量问题尚未得到充分的研究，这必然会导致CLV在实践应用中的局限性，甚至导致顾客关系管理策略的失效。

　　为此，本研究尝试在两个关键问题上有所突破：第一，如何界定价值共创模式下的顾客赢利性的价值结构与内涵，以及测量各价值成分；第二，如何优化顾客赢利性管理。针对这两个关键问题，开展了"顾客赢利性的价值结构及其测量问题探析""顾客口碑价值的形成机理""顾客创新价值的形成机理""顾客赢利性测量模型优化及其函数性质研究""建构顾客赢利性的优化管理系统——PCPMS"和"价值共创过程的动态演进耦合机制"等6个论题的研究。以期完成以下目标：

① 界定和诠释顾客赢利性的价值结构；

② 揭示顾客口碑价值（customer referral value，CRV）的形成机理，并构建CRV测量模型；

③ 揭示顾客创新价值（customer innovative value，CIV）的形成机理，并构建CIV测量模型；

④ 优化顾客赢利性测量模型及揭示其函数性质；

⑤ 建构价值共创模式下的顾客赢利性优化管理系统。

本研究通过评述现有关于CLV及其主要价值成分——CRV和CIV的研究成果以及价值共创管理的研究现状，发现现有CLV模型在顾客关系管理中的缺陷和困难、现有研究对价值共创过程中的作用机制的认知缺陷，以及这些问题的症结所在，由此推断出从分析顾客赢利性的价值结构角度进行研究的有效性，并论述和剖析顾客赢利性的价值结构，以及各论题的研究视角与思路（第二章）。

本书分别从社会影响视角探究顾客口碑价值（CRV）的形成机理，从计划行为论视角探究顾客创新价值（CIV）的形成机理，通过理论推导，构建其概念模型。然后，运用问卷调查法，实证验证关于CRV和CIV形成机理的研究假设，并提出相应的管理启发（第三章和第四章）。在实证研究基础上，深入探讨现有价值、潜在价值、口碑价值和创新价值等4种价值成分的测量问题，优化CLV模型，探究所构建CLV模型的函数性质，揭示了顾客忠诚与赢利性之间关系的变化规律及其关键影响因素（第五章）。

在数学分析的基础上，进一步探讨顾客赢利性的优化管理问题，提出一种顾客赢利性管理方法——"赢利的顾客资产库管理系统"（PCPMS），论述了PCPMS的管理方法与流程。进而探讨关于CLV模型和

PCPMS建构的研究结论所启发的新管理逻辑——动态化的价值共创战略管理，讨论了这一新管理逻辑的要旨：提高顾客—企业耦合度，促进顾客与企业双方的协同演进，并阐述了价值共创过程中的动态演进耦合性及其作用机制（第六章）。为了打开价值共创过程中的动态演进耦合机制这一黑箱，从心理动力结构视角，剖析价值共创环境下的个体心理动力结构模型，进而探究价值共创过程的动态演进耦合机制，并运用NK模型，建构了价值共创系统的适应度景观模型；然后运用计算机仿真，剖析了价值共创系统的演进过程，及企业"认知—反应"能力对这一演进过程的影响，由此论证了本研究根据CLV模型所建构的PCPMS与动态化的价值共创战略管理逻辑的优越性（第七章）。最后，进一步阐明动态化价值共创战略管理逻辑的管理思路的实质是"以忠诚换取忠诚"的共振原理，这 管理思路有利于建立顾客与企业间的共同见识，促进双方共同创造的耦合，借此耦合机制，实现顾客与企业螺旋式上升的协同演进（第八章）。

目 录
CONTENTS

第一章 绪 论

第二章　顾客赢利性测量模型述评与价值结构分析

第三章 顾客口碑价值之形成机理：基于社会影响视角

第四章 顾客创新价值之形成机理：基于计划行为论

第五章　基于价值结构的顾客赢利性测量优化

第六章　PCPMS与动态化的价值共创战略管理逻辑的建构

第七章　价值共创过程中的动态演进耦合机制

第八章　结论：通往价值共创之路

第一章　绪　论

1.1 背景与问题

随着市场竞争的日益激烈，市场营销思想逐步发展为顾客导向，"顾客是企业的重要资产"逐渐成为共识，因此，顾客关系管理（CRM）日益备受关注，并成为研究热点。顾客忠诚作为反映顾客对企业及其产品与服务的情感、认知及行为意向的指标，早已成为企业的追求和学术研究的热点。许多企业（如Bain & Company）认为，忠诚的顾客的服务费用低，愿意比其他顾客支付更高的价格，且为企业进行口碑宣传，所以，赢得顾客忠诚就能获得更大的利润。Reichheld（1996）也明确指出，忠诚之所以增加顾客赢利性，主要来源于以下4个方面：第一，通过顾客开支增长（经常为交叉与多销售）以获得收益增加；第二，通过改进现有顾客服务与新顾客招揽的效率来使成本降低；第三，从附加价值服务中获取溢价收益；第四，现有顾客对其亲朋好友的正面口碑为企业带来新顾客而产生的收益。

在实践中，"顾客忠诚一定带来赢利"这一思想驱动着企业追求高度的顾客忠诚，且对顾客忠诚管理的开支日益增加。然而，一些企业实践否定了"顾客忠诚一定带来赢利"的论断。美国南加州某高尔夫球俱乐部推出"买十送一"的消费套餐，仅仅提高了普通会员的忠诚度，而该部分顾客所增加的收益却不能弥补忠诚计划的成本，导致忠诚计划失败。Coles Myer推出折扣卡优惠忠诚顾客，结果企业的食品业务收益减少了0.6%。我国的网上商店——京东商城为了维系校园顾客，投入大量资金，导致连续四年没有盈利。然而，20世纪90年代，芝加哥第一银行对低额的长期储户采用收取柜台服务费的"驱逐"措施，使该银行一年后利润总额增长28%。Sprint在2007年停止向近1000名低效率忠诚的顾客提供服务后，反而获得更好的收益。可见，并非如传统观念所认为的——顾客忠诚一定能给企业带来利益。一些实践与研究表明，忠诚的顾客与一般的顾客，其服务成本差异并不显著，且"忠诚的顾客的价格灵敏度更低"也是不成立的。比如，亚马逊当年销售DVD时，企图对老顾客收取更高的价格，结果几乎摧毁了自身品牌。从理论上讲，促使价格不敏感性的前因变量是品牌感知价值，而不是品牌忠诚。并且，理论与实践都不能充分地证明忠诚的顾客一定能增加购买或传播有利于企业的评价。

随着顾客忠诚在顾客关系管理实践中的"失灵"，学术界与商业界开始怀疑以"顾客忠诚"作为管理指标的有效性，甚至认为，顾客只有价值之分而无忠诚之别。早在1997年，Dowling和Uncles就对顾客忠诚的赢利性进行大胆的质疑，并认为"忠诚的顾客更具有赢利性的论点"是笼统且过于简单的。Jain和Singh（2002）甚至断言，顾客忠诚只有在赢利的条件下才有价值，没有赢利的忠诚对企业是没有意义的。Reinartz和Kumar（2002）研究得知，行为忠诚和赢利之间存在弱相关关系。Kumar和Shah（2004）指出，行为忠诚不是真正的顾客忠诚的测量指标，不是可靠的预测顾客赢利性的因子。Kumar，Shah和Venkatesan（2006）证明，顾客忠诚（测量指标为：关系保留、购买频率连续性和RFM）与未来赢利性呈弱相关关系，历史收益与未来赢利性也呈弱相关关系。以顾客忠诚为评价指标的管理策略的失效，促使学术界和业界认识到不能简单地凭借行为忠诚或历史收益管理顾客，而需要寻求更可靠的顾客评价指标，以准确鉴别真正具有赢利性的顾客，从而创造更大利润。这促进了对顾客赢利性管理的重视。

Wang和Hong（2006）运用数据挖掘技术，构建了一种动态的顾客赢利性管理（CPM）系统，该系统利用主要的CPM路径（The leading CPM route）、积极的CPM路径（The active CPM route）和反应的CPM路径（The reactive CPM route），引导顾客转向企业期望的轨道上，以完成营销目标。Kumar等（2004）则主张采用顾客忠诚和顾客赢利性两个指标细分顾客，然后针对细分市场的特征，采用对应的管理手段。他们在2004年的研究中构建了双层回报计划，该回报计划从行为忠诚与态度忠诚两个方面进行构建，以一层回报来维持行为忠诚；在二层回报设计中，则运用顾客终身价值（CLV）指标来选择顾客，以此将顾客忠诚与赢利性联合起来，从而有效地强化行为忠诚和培养态度忠诚。英国日用品连锁零售店Tesco运用了该双层回报计划，成功地解决了成本控制问题；在实施

4年后，其市场份额从13%跃升至17%，并且取得良好的收益。李纯青等（2005）以最大化CLV为目标函数，提出了不带有购买金额、带有购买金额和带有回报计划等3种形式的动态客户关系管理（DCRM）模型，研究结果表明，实施这3种DCRM模型均能够有效地提高企业利润。先后有学者针对不同的行业背景（比如，零售业、电信行业、保险行业和卫生保健公司等），研究了CLV的模型及其对顾客忠诚管理的优越性。Reinartz和Kumar（2003）利用了一个目录零售商在过去3年中将近12 000个顾客的数据，比较了CLV和RFM模型，结果发现，依据CLV模型所确定的排名前30%的顾客的收益要高于依据RFM模型所选择的排名前30%的顾客的利益。Venkatesan，Rajkumar和Kumar（2004）针对顾客选择比较了几个竞争模型，发现用CLV模型所选择的前5%顾客所创造的利润与用其他模型所选择的前5%顾客所创造的利润相比要高出10% ~ 15%。Jain等（2002）指出，CLV模型帮助企业定量化顾客关系，制订出更为合理的决策，同时，让企业知道哪些顾客是赢利的，为企业提供分配营销资源的依据。Kumar和Rajan（2009）也指出，CLV有助于企业将合适的资源分配给赢利的顾客，避免将资源浪费在非赢利的顾客身上。Kumar，Venkatesan和Rajan（2009）也认为，CLV能够帮助管理者选择有价值的顾客，并实现个性化管理。

显然，CLV在顾客管理中的有效性和优越性已经得到充分认识，最近十多年，对CLV测量模型的优化和修正研究也不断取得新成果，CLV的内涵范围和计量精确度着实取得新进展。尤其是，信息技术的高速发展和需求的个性化促使营销思想由产品导向逻辑（G-D logic）向服务导向逻辑（S-D logic）转变，由此催生了创新2.0时代的到来，企业逐步向价值共创商业模式发展，顾客体验更是成了新的价值基础（Füller，Hutter，Faullant，2011）。顾客参与所带来的隐性价值更成为赢利性的重要价值成分。然而，可以发现，当前研究对CLV的内涵范围更多聚焦于顾客购买所带来的价值。虽然已有学者强调并构建模型测量顾客的间接价值（Kumar，Petersen，Leone，2010；Ryals，2008；Stahl，Matzler，Hinterhuber，2003），但关于CLV的价值结构依然没有得到深入的剖析，各价值成分的形成机理没有得到充分的诠释。尤其是顾客参与所带来的知识价值的内涵及其测量问题尚未得到充分的研究。这必然会导致CLV在实践应用中的局限性，甚至导致顾客关系管理策略的失效。

正是基于以上理论和实践背景，本研究从价值形成过程视角，深入研究以下两个问题：第一，如何界定价值共创模式下的顾客赢利性的价值结构与内涵，以及测量各价值成分？对顾客赢利性内涵的理解是优化其衡量指标的基础，因此，本研究从价值形成过程视角，以期更全面而清晰地诠释顾客赢利性的内涵与结构，并深入探究各价值成分的形成机理及其测量问题，进而构建更精确顾客赢利性的测量模型——CLV模型，为顾客忠诚的优化管理提供可操作性工具。第二，如何优化顾客赢利性管理？由于当前未能充分诠释顾客赢利性的内涵，剖析其价值结构及关键影响因素，这给顾客关系管理的优化与决策带来极大的局限性。因此，本研究拟将在突破第一个问题的研究基础上，运用所构建的CLV模型和所发现的研究结论，进一步探究定位顾客的方法以及顾客赢利性管理框架；拟将提出一种建构赢利的顾客资产库（profitable customer pool，PCP）的管理方法——"赢利的顾客资产库管理系统"（PCPMS），以期深化顾客关系管理理论及为顾客赢利性管理提供工具。

1.2 研究意义

1.2.1 揭示顾客赢利性的新内涵

随着商业模式的不断演化，顾客给企业所带来的利益的形式也不断变化。在当前资讯和网络发达的体验经济背景下，顾客赢利性的价值内涵也早已不是传统所认识的仅由顾客购买所创造的利润。然而，关于当前顾客赢利性的价值结构及其各价值成分的内涵尚缺乏清晰的剖析。尤其是顾客口碑推荐所创造的价值（本研究定义为顾客口碑价值，CRV）以及顾客参与所带来的知识价值（本研究定义为顾客创新价值，CIV）的内涵及其测量问题尚未得到充分的研究。这使得难以精确衡量顾客赢利性，从而给顾客关系管理的优化造成困难。本研究将通过实证研究，充分发掘这两种新型价值的内涵及其形成机理，由此突破顾客赢利性的传统认识——局限于购买价值。

1.2.2 诠释了隐性价值——CRV和CIV的形成机理

纵观当前相关研究成果，尽管已有不少研究探究了CRV或CIV的影响因素或前置变量，但至今尚未发现有研究从理论层面揭示CRV和CIV的形成机理。诸如"顾客口碑推荐行为如何创造价值""共创体验如何影响共创价值"和"其在CIV形成过程中的作用机制是什么"等问题至今尚未能得到很好的解释。厘清这些问题对优化企业的营销管理和顾客关系管理至关重要。并且，揭示CRV和CIV的形成机理，也是构建精确的顾客赢利性测量模型的重要理论依据。

1.2.3 优化顾客赢利性的测量与管理

本研究将在实证研究CRV和CIV的基础上，进一步讨论顾客赢利性的各种价值成分的测量问题，尤其重点开发顾客口碑价值和顾客创新价值的计量模型。这有效地填补现有CLV模型的缺陷和顾客创新价值计量的空白。并且，所构建的顾客赢利性测量模型——CLV模型将为企业提供清晰的CLV价值结构图，有利于企业分析与定位顾客。比如，将顾客定位为：现在主要顾客、潜在主要顾客、潜在流失型顾客、高口碑价值型顾客及高创新价值型顾客等类型。这将为企业制定营销策略，配置营销资源提供依据。再而，本研究将通过分析所构建CLV模型的函数性质，揭示顾客忠诚和顾客赢利性的变化特征及关键影响因素。这些研究结论将为进一步建构赢利的顾客资产库的管理方法——PCPMS提供理论依据。

1.2.4 为顾客关系管理提供新的管理逻辑与工具

本研究将在实证研究和数学分析的基础上，进一步探究如何运用所构建的CLV模型和所发现的结论建构赢利的顾客资产库，进而提出一种顾客赢利性管理方法——"赢利的顾客资产库管理系统"（PCPMS），论述PCPMS的管理方法与流程；由此进一步提炼出一种新的管理逻辑——动态化的价值共创战略管理。本研究从心理动力结构视角，诠释价值共创战略对顾客的影响，进而剖析价值共创过程的动力机制与耦合机制，并通过计算机模拟仿真，分析价值共创系统的动态演进过程，论证所建构的PCPMS管理系统的有效性，从而为企业管理实践提供新的管理逻辑与工具，有助于指导企业对顾客进行分类管理，避免将资源浪费在非赢利的顾客身上，并使其营销工作的重心放在"最有利可图"的顾客上，从而建立赢利的顾客资产库（PCP）。

1.3 研究目标与内容

1.3.1 研究目标

本研究旨在解决以下两个关键问题：第一，如何界定价值共创模式下的顾客赢利性的价值结构与内涵，以及测量各价值成分；第二，如何优化顾客赢利性管理。由此建构更精确的顾客赢利性衡量工具，并为企业优化顾客关系管理提供理论依据。针对以上两个关键问题的研究，可将这一研究目标细分为以下几个子目标：

（1）界定和诠释顾客赢利性的价值结构；

（2）揭示顾客口碑价值（CRV）的形成机理，并构建CRV测量模型；

（3）揭示顾客创新价值（CIV）的形成机理，并构建CIV测量模型；

（4）优化顾客赢利性测量模型及揭示其函数性质；

（5）建构价值共创模式下的顾客赢利性优化管理系统。

1.3.2 研究内容

针对研究目标，本书开展了"顾客赢利性的价值结构及其测量问题探析""顾客口碑价值的形成机理""顾客创新价值的形成机理""顾客赢利性测量模型优化及其函数性质研究""建构顾客赢利性的优化管理系统——PCPMS"和"价值共创过程的动态演进耦合机制"等6个论题的研究。具体研究内容如下：

（1）顾客赢利性的价值结构及其测量问题探析

本研究在充分述评现有关于顾客忠诚管理的研究成果的基础上，讨论运用CLV测量顾客赢利性的有效性，CLV在顾客忠诚管理中的优越性，以及现有CLV模型的缺陷。由此推断出优化CLV模型的重要性，以及研究的视角与思路。进而，从价值产生形式角度，分析顾客赢利性的利润结构，探讨其组成要素，并构建概念性的测量模型。

（2）顾客口碑价值的形成机理

在研究顾客赢利性的衡量指标——CLV的价值结构基础上，为了构建更精确的顾客赢利性计量模型，本项目继续展开关于顾客口碑价值形成机理及其计量问题的研究。本研究采用问卷调查法，从社会影响视角，实证研究了顾客口碑价值的形成机理，充分分析其形成过程中的影响因素，为进一步探究顾客口碑价值的计量模型的优化问题及顾客赢利性优化管理奠定基础。

（3）顾客创新价值的形成机理

本研究还采用问卷调查法，基于计划行为论视角，实证研究了顾客创新价值的形成机理，剖析其形成过程中的影响因素。然后，在实证研究基础上，进一步尝试建构这一价值的计量模型，以完善顾客赢利性的计量模型优化研究工作。

（4）顾客赢利性测量模型优化及其函数性质研究

在实证研究CRV和CIV的基础上，本研究进一步讨论顾客赢利性的各种价值成分的测量问题，尤其重点开发顾客口碑价值和顾客创新价值的计量模型。通过数学分析，探究所构建CLV模型的函数性质，揭示顾客忠诚和顾客赢利性的变化特征及关键影响因素，为进一步建构顾客赢利性优化管理系统奠定基础。

（5）建构顾客赢利性的优化管理系统——PCPMS

本研究在实证研究和数学分析的基础上，进一步探究如何运用所构建CLV模型和所发现的结论建构赢利的顾客资产库，进而提出一种顾客赢利性管理方法——"赢利的顾客资产库管理系统"（PCPMS），论述PCPMS的管理方法与流程。

（6）价值共创过程的动态演进耦合机制

在完成PCPMS与动态化价值共创战略管理逻辑的建构基础上，本研究从心理动力结构视角，进一步剖析价值共创过程中个体心理动力结构模型。进而，探究价值共创过程的动态演进耦合机制，并通过计算机模拟仿真，剖析了价值共创系统的演进过程，及企业"认知—反应"能力对这一演进的影响，由此论证PCPMS这一管理系统的优越性。

1.4 研究思路与方法

1.4.1 研究思路

根据研究目标和研究内容，本书分为"CLV模型优化研究"和"顾客赢利性管理优化"两大模块展开研究。详细的研究思路如图1-1所示。

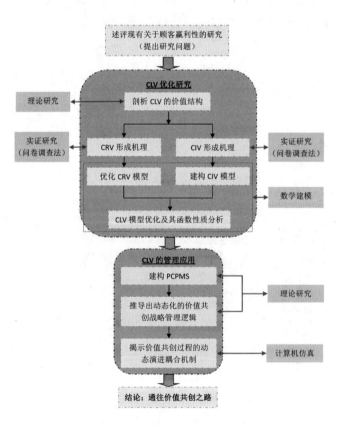

图1-1 本研究的技术路线

1.4.2 研究方法

本研究所运用的研究方法可归纳为以下几种，具体的运用操作详见"研究内容"部分。

（1）文献研究与理论分析

本研究通过广泛查阅国内外文献资料，跟踪我国企业开展体验营销和价值共创等相关营销活动，分析国内外关于价值共创和顾客赢利性研究领域的最新理论前沿；由此发现问题，并提炼出本书的研究问题。

在明确研究问题的基础上，本研究通过理论分析，推导出研究思路与技术路线。并根据相应的理论视角，分别推导出CRV、CIV及价值共创过程中动力机制等相应的概念模型，捉出研究假设与命题。

（2）问卷调查法

本研究采用问卷调查法实证研究CRV和CIV的驱动因素与形成机理，为进一步建构CRV和CIV测量模型奠定基础。

（3）数学建模

本研究将在实证研究CRV和CIV的基础上，运用数学建模方法，进一步探究CLV的优化问题。然后，通过数学分析，探究所构建CLV模型的函数性质，揭示顾客忠诚和顾客赢利性的变化特征及关键影响因素。

（4）计算机模拟仿真

本研究将在实证研究和数学分析的基础上，进一步探究如何运用所构建CLV模型和所发现的结论建构赢利的顾客资产库，进而提出一种顾客赢利性管理方法——"赢利的顾客资产库管理系统"（PCPMS），论述PCPMS的管理方法与流程，并将通过计算机模拟仿真，探究价值共创过程的动态演进耦合机制，论证本研究根据CLV模型所建构的PCPMS与动态化的价值共创战略管理逻辑的优越性。

1.4.3 数据统计分析方法

本书所运用的数据统计分析方法，可归纳为以下几类：

（1）描述性统计分析

在实证研究中，运用描述性统计分析方法，分析所采集的样本的分布特征。

（2）因子分析（探索性因子分析和验证性因子分析）

在实证研究中，运用因子分析，检验各个构念的信效度。

（3）结构方程模型（SEM）

运用SEM，检验CRV和CIV的形成机制。

（4）层次回归分析

运用层次回归分析法，检验CRV和CIV形成机制中的调节与中介效应问题，以及价值共创过程的耦合机制。

1.5 内容结构

本书共分为8个章节，具体结构安排如下：

第一章，绪论。主要阐述了本研究立论的背景与问题、研究意义、研究目标、研究内容及研究思路设计。

第二章，顾客赢利性测量模型述评与价值结构分析。主要评述现有关于CLV及其主要价值成分——CRV和CIV的研究成果以及价值共创管理的研究现状，讨论现有CLV模型在顾客关系管理中的缺陷和困难，以及现有研究对价值共创过程中的作用机制的认知缺陷，阐论这些问题的症结所在。由此论证本书的研究问题及其重要性，进而推导出本书的研究视角与思路。

第三章，顾客口碑价值之形成机理：基于社会影响视角。通过问卷调查法，实证研究顾客口碑价值的形成机理，为进一步优化顾客口碑价值模型奠定基础。

第四章，顾客创新价值之形成机理：基于计划行为论。通过问卷调查法，实证研究顾客创新价值的形成机理，为进一步建构顾客创新价值模型奠定基础。

第五章，基于价值结构的顾客赢利性测量优化。深入探讨现有价值、潜在价值、口碑价值和创新价值等4种价值成分的测量问题，优化CLV模型，探究所构建CLV模型的函数性质，揭示了顾客忠诚与赢利性之间关系的变化规律，及其关键影响因素。

第六章，PCPMS与动态化的价值共创战略管理逻辑的建构。在数学分析的基础上，进一步探讨顾客赢利性的优化管理问题，提出一种顾客赢利性管理方法——"赢利的顾客资产库管理系统"（PCPMS），论述PCPMS的管理方法与流程，进而探讨关于CLV模型和PCPMS建构的研究结论所启发的新管理逻辑——动态化的价值共创战略管理。本章还讨论了这一新管理逻辑的要旨。

第七章，价值共创过程中的动态演进耦合机制。从心理动力结构视角，剖析价值共创环境下的个体心理动力结构模型。进而，探究价值共创过程的动态演进耦合机制，运用计算机仿真，剖析了价值共创系统的演进过程，及企业"认知—反应"能力对这一演进的影响，由此论证本研究根据CLV模型所建构的PCPMS与动态化的价值共创战略管理逻辑的优越性。

第八章，结论：通往价值共创之路。归纳总结本书的研究成果及其局限性，提出未来研究论题。

1.6 本章小结

    本章在阐述立论背景基础后，首先提出了本书的研究问题；继而论述了研究意义、研究目标、研究内容以及研究思路与方法；最后，概述了本书的内容结构安排，为本书建立总纲。

第二章
顾客赢利性测量模型述评与价值结构分析

　　本章回顾了CLV概念内涵与测量模型的演进过程；通过评介现有关于CLV及其主要价值成分——CRV和CIV的研究成果，发现现有CLV模型在顾客关系管理中的缺陷和困难，及其症结所在，由此引出本书的关键研究问题1：如何界定价值共创模式下的顾客赢利性的价值结构与内涵，以及测量各价值成分。评述价值共创管理的研究现状，阐述现有研究对价值共创过程中的作用机制的认知缺陷，引出本书的关键研究问题2：如何优化顾客赢利性管理。由此，论证本书的研究问题及其重要性，并推导出本书的研究视角与思路。

2.1 CLV的内涵及其测量模型研究现状

CLV是指在顾客生命周期内，顾客期望价值的净现值（Kim，Jung，Suh，et al，2006）。CLV是顾客细分、目标顾客选择、顾客保留以及顾客管理的重要概念（Crowder，Hand，Krzanowski，2007），也是评价公司与顾客关系的系统方法（Jain，Singh，2002）。由以上分析得到，精确的CLV模型是有效管理顾客的重要保障。最近十多年，CLV测量方法不断得到优化和发展。从计量模型的形式划分，CLV模型主要有以下3种类型。

2.1.1 基础模型

CLV的基础模型研究可追溯到Berger和Nasr（1998）构建的CLV模型。基于这一模型，随后学者就利润测量方面展开深入研究。Reinartz等（2003）则运用Pareto/NBD模型（也称SMC模型），在基础公式中引入"存活（Active）"概率因子，进一步完善CLV模型。然而，该模型也存在着很大的缺陷：随着测量时间的延长，静止的利润预测将逐渐变得不准确。针对这一缺陷，Glady，Baesens和Croux（2009）将Pareto/NBD模型中恒定的利润率改为变量，进一步修正CLV模型，得到Pareto/dependent模型。该模型充分考虑了利润率的时间变化，以动态思维构建CLV的测量模型。Ho，Park和Zhou（2006）把顾客满意加入CLV模型中，扩展了Pareto/NBD模型，并揭示了采用简单累计的Poisson过程粗略估计综合到达过程，可能会系统性低估购买总量与收益。Fader，Hardie和Lee（2005）则克服Pareto/NBD模型在实践中的难点，构建了一个应用性更强的BG/NBD模型。Fader和Hardie（2010）在前期对sBG（变动β-几何）模型检验研究基础上，根据顾客异质性特征，进一步修正CLV模型，从而将CLV模型拓展到一个新的阶段。尽管基础模型能较好地预测顾客的行为及其带来的货币利益，但它缺乏考虑顾客交叉购买、口碑宣传及提出产品/服务革新建议等因素所带来的价值。因此，该模型在营销管理的应用中存在较大的局限性。

2.1.2 基于顾客行为类型的模型

Dwyer（1997）从顾客行为角度考虑CLV的测量问题，针对永久性流失（Lost-for-good）和间歇性购买（Always-a-share）两种顾客类型，分别建立了"顾客保留模型"和"顾客转移模型"。相比于基础结构模型，Dwyer的顾客转移模型考虑了顾客购买的可能性，使模型显得更为现实。但是该模型的假设条件过于苛刻，使得该模型应用起来存在局限性。Berger等（1998）进一步完善Dwyer的研究，提出了一种系统计算CLV的方法。他们运用5个案例研究Dwyer提出的两类模型，并针对不同的顾客行为，提出不同的CLV计算模型。然而，基于顾客行为类型所构建的模型，依然缺乏考虑顾客带给企业的非货币利益。

2.1.3 基于利润结构的模型

为了克服忽略顾客非货币利益的缺陷，学者先后引入了交叉购买、口碑宣传等利润因素。Wu等（2005）则将CLV分为基础价值、潜在价值和关系价值三部分。其中，基础价值是指由顾客购买核心产品或服务所带来的利益，潜在价值是指由顾客进行交叉购买带来的利益，关系价值是指顾客口碑宣传带来的利益。他们采用社会比较机制求解顾客的影响权重系数，并由权重系数乘以企业对新顾客的营销成本，求取顾客口碑价值。Stahl等（2003）则阐明准确测量CLV需满足以下5个条件：① 根据市场资源配置，正确分配顾客成本；② 测量金钱的和非金钱的利益；③ 考虑时间跨度内，顾客成本和利益的变化；④ 顾客在测量的时间跨度内产生的未来现金流的净现值；⑤ 测量关系风险。他们回顾了Dnyer等（1997）建立的分别计算always-a-share和lost-for-good两种条件的CLV模型，分析说明了Dnyer等所建立的CLV模型存在忽略顾客的增长潜力（growth potential）、网络价值（growth potential）和学习潜力（learning potential）的弊端。Stahl等（2003）把企业与顾客互动所带来的创造知识价值归纳为CLV的一部分，并将CLV划分为基础潜力（base potential）、增长潜力（growth potential）、网络潜力（networking potential）和学习潜力（lcarning potential）等四部分，深化对CLV的内涵的理解，为进一步完善CLV模型提供基础。

针对利润结构模型中的口碑价值，先后不少学者对其测量问题展开了研究。Helm（2003）研究了顾客口碑价值的影响与测量问题，讨论了3种不同的计量模型，将顾客的口碑行为货币定量化。Hogan，Lemon和Libai（2003）采用顾客流失所导致的价值损失估算顾客的口碑价值。Lee Jonathan，Lee Janghyuk和Feick（2006）采用获得的节约成本衡量顾客的口碑价值。Kumar，Petersen和Leone（2007）构架了CRV模型，计算每个顾客过去实际的推荐行为所创造的价值。在此基础上，Kumar等（2010）进一步利用顾客过去的推荐行为预测顾客未来的推荐行为，并通过实地研究，探索了CRV的驱动因素，为企业实行赢利的顾客忠诚管理提供理论支持。

2.1.4 现有CLV研究所存在的主要问题及本研究设想一

回顾现有关于CLV测量模型的研究成果发现，当前学者对顾客赢利性的管理问题，特别是对其测量指标CLV的研究已有相当的重视，并不断取得新进展。然而，关于CLV的价值结构尚处于不断待完善状态，对CLV的价值结构及其各价值成分的内涵尚缺乏清晰的剖析。为此，本研究进一步比较分析现有研究的贡献进展情况，及阐明本研究相对于以前研究的贡献，如表2-1所示。比较分析当前主要的相关研究，可以发现：顾客参与所带来的知识价值的内涵及其测量问题尚未得到充分的研究；并且，大多数研究采用所节约的顾客成本估算CRV，极少根据CRV的形成机理进行建模，这导致所构建的计量模型难以较全面地表达CRV的内涵。从而使得难以精确测量顾客赢利性，也难以卓有成效地对顾客实施个性化管理。

究其原因，还在于对CLV的价值结构以及各价值成分的内涵与形成机理缺乏深入的理解。据定义可知，实质上，CLV是指从开始购买企业产品到终止购买企业产品的时期内，顾客为企业创造的利润。从经济学角度看，顾客终身价值可划分为显性价值和隐性价值两部分。显性价值是顾客直接带给企业的利益，包括了现有价值和潜在价值。隐性价值是指顾客间接带给企业的利益。据前期相关研究发现，顾客口碑推荐行为能够通过招徕新顾客而间接地为企业创造收益，由此可以判定，顾客口碑价值是顾客的一种隐性价值。

另外，随着消费者导向型营销的不断发展成熟，企业逐渐向关系型营销发展，顾客将更多地参与企业活动，为企业开发新产品提供建议或意见。显然，顾客参与是企业产品完善或革新的智力源泉之一，可以有效地节省企业的开发成本和营销成本。比如，通用汽车推出悍马H3新车时，邀请400多名运动休旅车的车主到公司，轮流评论6款不同的新车设计，设计师团队根据顾客的各种建议修改新车设计，结果新车H3获得了良好的销售业绩。顾客参与企业活动、向企业提出产品/服务的各种意见，将有利于促进企业快速反应市场、革新产品/服务，从而更好地赢利，所以，隐性价值还包括了顾客创新价值。

由此，从价值产生的形式分析，CLV的价值结构可分为现有价值、潜在价值、口碑价值和创新价值四部分（如图2-1所示）。本研究将依据这一价值结构，探讨各价值成分的内涵与形成机理，进而探究各价值成分的测量问题，优化CLV模型，以期为企业管理顾客赢利性提供更精确的工具。

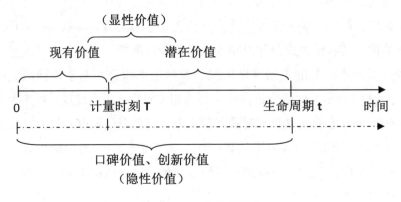

图2-1 CLV的价值结构

表2-1 本研究相对于以前研究的贡献

比较指标	研究目标	研究方法	顾客赢利性(CLV)的价值成分	测量技术	分析层面	对营销理论的贡献
Wang等	构建一种灵活有实践性的顾客赢利性管理(CPM)方法	定性分析与应用性实例	N.A.	N.A.	公司	通过应用数据挖掘技术,构建了顾客赢利性管理(CPM)系统
Dwyer	构建CLV模型	数学分析与应用性实例	由购买所带来的货币利益(本书界定为显性价值,下同)	确定性/随机性(迁移)	公司	可以采用保留模型计量"永久性流失"的买卖关系,采用迁移模型计量"间歇性购买"
Berger等	构建CLV模型	数学分析与应用性实例	显性价值	确定性模型	公司	应用5个一般性的确定性模型测定"永久性流失"和"间歇性购买"两种关系的CLV
Reinartz等	优化CLV模型	实证研究	显性价值	随机性模型	个体	运用Pareto/NBD模型(也称SMC模型),在基础公式中引入"存活(Active)"概率因子,进一步完善CLV模型
Glady等	优化CLV模型	数学分析与应用性实例	显性价值	随机性模型	个体	将Pareto/NBD模型中恒定的利润率改为变量,进一步修正CLV模型,得到Pareto/dependent模型
Ho等	优化CLV模型	数学分析与仿真	显性价值	随机性模型	个体	把顾客满意加入CLV模型中,扩展了Pareto/NBD模型,并揭示了采用简单累计达过程的Poisson过程粗略估计综合到达过程,可能会系统性低估购买总量与收益

价值共创模式下的顾客赢利性测量与管理

比较指标	研究目标	研究方法	顾客赢利性(CLV)的价值成分	测量技术	分析层面	对营销理论的贡献
Fader等	优化CLV模型	数学分析与仿真	显性价值	随机性模型	个体	在前期对sBG（变动β-几何）模型检验研究基础上，根据顾客异质性特征，进一步修正CLV模型
Ryals	测量顾客的间接价值（即口碑价值）	案例研究	显性价值和顾客口碑价值（CRV）	确定性模型	个体	分析了间接价值（口碑推荐）的重要性，指出具有可计量的货币性影响，在顾客管理理战略中应该加以考虑
Wu等	构建有助于识别最有价值与最赢利的顾客的CLV模型	数学分析与仿真	显性价值和CRV	随机性模型	个体	从社会影响视角，讨论了CRV计量模型的构建，采用社会影响权重量之积估算CRV
Hogan等	构建一种考虑社会影响的顾客管理方法	数学分析与应用性实例	显性价值和CRV	随机性模型	个体	采用顾客流失所导致的价值损失估算CRV，指出由于存在口碑宣传效应，因此不能孤立地评估顾客
Lee等	测定针对推荐营销的回报的有效性	数学分析与应用性实例	显性价值和CRV	随机性模型	个体	将顾客CRV加入CLV，采用获得的节约成本衡量CRV，论证了改进的CLV模型在顾客管理中的优越性
Kumar等	基于CLV和CRV，比较顾客细分市场	数学分析与应用性实例	显性价值和CRV	随机性模型	个体	构建了CRV模型，计算每个顾客推荐行为所创造的价值
Kumar等	关于推荐营销活动的最优化目标顾客定位	实地实验	显性价值和CRV	随机性模型	个体	确定CRV的行为驱动因素，有助于锁定推荐营销活动的目标顾客

比较指标	研究目标	研究方法	顾客赢利性(CLV)的价值成分	测量技术	分析层面	对营销理论的贡献
Stahl等	构建一个联立CLV与股东价值关系模型	数学分析与应用性实例	显性价值、CRV和顾客创新价值（CIV）	概念性模型	个体	从现金流的产生来源角度，将CLV划分为基础潜力、增长潜力、网络潜力和学习潜力等四部分，深化对CLV的内涵的理解，为进一步完善CLV模型提供基础
本研究	改进顾客赢利性的测量模型，并构建顾客赢利性的管理优化方法	实证研究、数学分析与计算机模拟仿真	显性价值、CRV和CIV	随机性模型	个体	根据价值创造机理构建CRV和CIV的计量模型，弥补现有CLV模型的缺陷和CIV计量的空白，深度揭示顾客忠诚与赢利性的关系变化规律及发现其关键影响因素，提出一种顾客赢利性管理方法——"赢利的顾客资产库管理系统"（PCPMS），揭示了价值共创过程中顾客—企业的耦合机制，为价值共创战略管理提供理论依据与建议

027

第二章　顾客赢利性测量模型述评与价值结构分析

2.2 顾客口碑价值的研究现状

2.2.1 顾客口碑价值概念之缘起及其内涵界定

关注顾客口碑推荐，古来有之，中国民谚"酒香不怕巷子深"正是反映了顾客口碑推荐的营销绩效。早在1971年，Sheth研究发现，在提高新产品关注度和影响顾客购买决策方面，顾客口碑推荐比广告更重要。Day（1971）也表明，顾客口碑推荐的效益是广告的9倍。Lim和Chung（2011）指出，顾客口碑推荐在产品渗透过程中起着重要作用。顾客口碑推荐在产品信息传播中的低成本性和有效性，逐渐吸引营销者应用顾客口碑推荐推广其产品或获取新顾客（Schmitt，et al.，2013），这促进了顾客推荐计划的研究及其应用的发展。由此又引起业界和学术界对"如何计量顾客口碑推荐""顾客口碑推荐是否值得激励"和"顾客口碑推荐能够带来多少利润或价值"等问题的关注。并且，顾客口碑推荐为企业所带来的利益也逐渐发展成衡量顾客终身价值（CLV）的重要成分之一，顾客网络价值（customer networks value，如Wu，Liu，Li，2005）、顾客口碑价值（customer word of mouth value，customer word of mouth referral value，或customer referral value，CRV；如Helm，2003；Wangenheim，et al.，2007；Kumar，et al.，2007；2010）、顾客影响价值（customer influence value，如Ho，et al.，2008）、顾客社会价值（social value of customer，Libai，et al.，2013）等描述顾客口碑推荐所带来的利益的新概念不断呈出，并成为研究的热点之一。

Lee等（2006）指出，顾客口碑推荐从两个方面对CLV产生影响：顾客保留的增加和获得成本的节约。这就是说，顾客口碑推荐能够以节约顾客获得成本和保留成本的形式，间接地为企业带来附加值。Ryu等

（2007）也采用获得成本和保留成本的节约来估计顾客口碑推荐所带来的价值。Kumar等（2007）则认为不能笼统地采用所节约的获得成本来计量顾客口碑价值，而应该根据被推荐者的特性来计量CRV。他们认为，对于那些只有通过顾客口碑推荐才会发生购买的顾客（记为N1），顾客口碑价值应当等于N1所带来的利润与所节约的获得成本之和；而对于那些未来一定会进行购买的顾客（记为N2），顾客口碑价值等于所节约的获得成本。这些定义均从被推荐者角度思考。然而，在Kumar等（2010）的研究中发现，顾客口碑推荐还引发顾客自身购买的增加，从而使企业取得了"两次撞大运"（hit the jackpot twice）的效果。由此可以推断，顾客口碑推荐不仅仅为企业带来顾客获得成本或保留成本的节约，也可能带来诸如购买额增长的附加值；并且，顾客口碑推荐所带来的附加值并不仅仅由被推荐者产生，它也可以由作为推荐者的顾客自身产生。

虽然Kumar等（2010）在实地实验研究中发现顾客口碑推荐的"两次撞大运"效果，但他们并没有对此现象加以深入探究及解释其中原理；且至目前，也尚没有研究涉及顾客口碑推荐对推荐者自身购买行为的影响；关于顾客口碑推荐所产生的价值的界定也较少涉及关于购买额增长这一维度。这导致顾客口碑推荐及其效果（顾客口碑价值）尚不能得到充分理解。为此，本研究将从购买额增长和顾客成本降低两方面探究顾客口碑推荐为企业所带来的利益，并将顾客口碑推荐行为所产生的显性收益（顾客购买额的增加）和隐性收益（顾客成本的下降）之和定义为顾客口碑价值（CRV），进而从被推荐者和推荐者两个方面探究顾客口碑价值的形成机制。

2.2.2 顾客口碑价值的成因与测量问题

顾客口碑推荐是指消费者主动向其他的消费者推荐企业的产品或服务的行动。顾客口碑价值（CRV）则是衡量顾客口碑推荐为企业所带来的利益的指标。关于顾客口碑推荐所产生的价值的最初或传统认识，是它能够有效地为企业带来新顾客。这也正是学者采用顾客获得成本的节约来计量顾客口碑价值（Lee，et al.，2006）的原因。由此，有学者甚至断言，顾客的推荐是企业最重要的营销资产（Helm，2003）。然而，顾客口碑推荐并非简单等于赢利。Kumar等（2010）分析了2004年7月至2005年6月期间14 160名顾客样本的每个顾客的实际推荐行为，以及被推荐者的购买行为和赢利性。分析结果表明，顾客声明的推荐意愿与其实际的推荐行为存在明显的差距。比如，70%（n=9492）的顾客声明他们意愿推荐，但实际上其中只有大约44%（n=4204）尝试去推荐。而这些试图去推荐的顾客，实际上只有大约42%（n=1763）实现了预期的创造购买（即成功的推荐）。最后，这些成功推荐的顾客中只有77%（n=1356）带来了赢利的新顾客。他们由此指出，使用诸如推荐意愿的指标将会夸大实际产生的推荐价值，从而为管理顾客赢利性提供错误的信息。Wangenheim等（2007）研究了顾客口碑推荐对获取新顾客的影响，结果表明，顾客口碑推荐对被推荐者的购买决策的影响效应，受到信息源专业性和对推荐者的感知相似性两种因素的调节作用。

随着对顾客口碑价值的深入认识，学者发现了顾客口碑价值的不同表现形式，并由此进一步探究顾客口碑价值的成因及其测量问题。Schmitt等（2011a）采用边际贡献、保留和顾客终身价值为效果变量，实证研究证明顾客口碑推荐的优越性。Schumann，Wangenheim，Stringfellow等（2010）以感知质量为效果变量，实证研究表明，顾客口碑推荐对感知服务质量的影响受到文化价值观的调节作用。王天新等（2011）则采用构念"口碑影响力"来表达口碑传播效果，以农村消费群体为研究对象，实证发现，传播者专业能力、意见领袖、感知风险、关系强度和口碑信息类型对口碑传播效果具有显著影响，且受到产品类型的调节作用。Cornelsen等（1998）则从顾客行为视角，讨论顾客推荐潜力的影响因素（诸如社会网络、意见领袖和顾客满意等），并以推荐数量和推荐潜力为顾客口碑价值的主要成分，构建CRV计量模型（Helm，2003）。

顾客口碑价值是指顾客口碑推荐为企业所带来的利益，因此，其大小的最直接影响因素是口碑推荐所带来的潜在顾客的数量和质量。许多学者以数量和质量两个要素为出发点，从构建计量模型的角度研究CRV的计量问题以及CRV的影响因素。Wangenheim等（2007）以顾客的口碑推荐数量与口碑推荐引起的获得新顾客的增长率之积来计量口碑推荐所带来的顾客数量。为了简单起见，他们采用口碑推荐所带来的顾客数量乘以顾客平均支付贡献之积来估算CRV。Wu等（2005）采用社会比较机制求解顾客的影响权重系数，并由权重系数乘以企业对新顾客的营销成本，估算CRV。Nowinski（2008）则采用由顾客推荐直接带来的新顾客所产生的利润总和计量CRV。Ho等（2012）则认为存在一个社会分配参数δ（是指由口碑推荐促使被推荐者产生的利润，占推荐者与被推荐者的CLV的分配比例），他们运用Bass扩散模型构建计量最终受到推荐影响的概率P和总人数N；并以每个被推荐者的利润贡献现值乘以受影响人数的期望函数和社会分配参数δ之积，计算CRV。Kumar等（2007）认为应该根据被推荐者的特性构建CRV模型，对于那些只有通过顾客口碑推荐才会发生购买的顾客（记为N1），CRV应当等于N1所带来的利润与所节约的获得成本之和；而对于那些未来一定会进行购买的顾客（记为N2），CRV等于所节约的获得成本。他们还引入一种新的、利用过去顾客交易数据和推荐数据预测每个顾客的CRV的四阶段方法，改进了他们过去研究的CRV的测量方法（Kumar, et al., 2010）。

2.2.3 现有CRV研究所存在的主要问题及本研究设想二

纵观现有关于顾客口碑推荐的研究成果，大致可以归纳为以下若干主题：一是顾客口碑推荐的驱动因素研究（Griffis, Rao, Goldsby, Voorhees, Iyengar, 2012；Kumar, Petersen, Leone, 2010；Law, 2008；Wangenheim, Bayón, 2007）；二是顾客口碑推荐的传播网络研究（Goldenberg, Libai, Muller, 2001；Ho, Li, Park, Shen, 2012；白寅，刘金兰，2009；罗晓光，溪璐路，2012）；三是顾客口碑推荐对顾客购买决策行为的影响研究（Libai, Muller, Peres, 2013；Wangenheim, et al., 2007；王天新，金晓彤，2011）；四是顾客推荐计划（customer referral planning）设计及其有效性研究（Biyalogorsky, Gerstner, Libai, 2001；Kumar, et al., 2010；Ryu, Feick, 2007；Schmitt, Skiera, Bulte, 2011a；2011b；2013）；五是顾客口碑推荐所产生的价值计量研究（Helm, 2003；Kumar, et al., 2007；2010；Ho, et al., 2012；Libai, et al., 2013）。总体而言，这些研究主要关注顾客口碑推荐行为对被推荐者的作用，但极少考虑到顾客口碑推荐对推荐者自身购买行为的影响。并且，关于顾客口碑价值的计量尚没有较为统一的口径，有的以营销成本的节约来计量顾客口碑推荐所产生的价值（Lee Jonathan，Lee Janghyuk，Feick，2006），有的则以被推荐者的利润贡献作为计量指标（Kumar，et al.，2007；2010；Ho，et al.，2012；Libai，et al.，2013），有的则从影响因素角度构建估算模型（Cornelsen，Diller，1998）。

然而，顾客口碑推荐仅仅对被推荐者起作用吗？顾客口碑推荐行为如何创造价值？其中的作用机制是什么？目前，这些问题尚未能得到很好的解释。厘清这些问题对优化企业的营销管理和顾客管理至关重要。据社会影响的相关理论（最具代表性的是费斯廷格的认知失调论），个体行为在对他人产生影响时，对其自身的态度和后续行为也可能产生影响。据此可以推断，顾客口碑推荐也可能对推荐者自身的购买行为产生影响，但这一影响机制却为当前研究所忽视。并且，当前相关研究尚未能充分揭示顾客口碑推荐对顾客行为的影响的深度和广度，也未能充分揭示顾客口碑价值的形成机理。这导致所构建的计量模型未能全面地涵盖顾客口碑价值的内涵。为此，本书尝试从社会影响视角，探究顾客口碑价值（CRV）的内涵及其形成机理，揭示顾客口碑推荐行为对被推荐者与推荐者两种价值产生源所产生的不同作用机制。然后，根据实证研究结论，进一步讨论CRV模型的优化问题，为改进CLV模型奠定基础。

2.3 顾客创新价值的研究现状

2.3.1 顾客创新概念之缘起及其内涵界定

科技的发展与顾客需求的多样化推动了顾客参与型体验营销的逐步发展，顾客参与企业活动愈见普遍。据哈佛大学商学院的调查，有57%的上市新产品是直接由顾客共同创造的；MIT的斯隆管理学院调查结果也表明：成功的民用新产品中，有60%～80%来自顾客的建议，或是采用了顾客使用过程中的改革。顾客的参与及其与企业的交流，不仅会激发创造力和购买力，而且会激发自身的奉献精神，从而为企业创造更多利益。这就引起业界与学术界对顾客参与企业产品创新活动（简称顾客创新）的关注。

自20世纪80年代起，顾客领域内的创新已经逐渐得到学术界的关注，且已有无数证据表明了企业独自创新的局限性和顾客在创新中所扮演的战略角色（王永贵等，2011）。Von Hippel（2009）指出，顾客是创新的源泉。Morrison等（2004）则界定，顾客创新是指顾客对产品或服务提出新设想或进行新改进。王永贵等（2011）也指出，顾客创新是指希望从产品和服务的使用中获益的组织或个人对产品或服务所产生的创新。Hirschman（1980），Douglas（1997），Burroughs和Mick（2004）则强调，顾客创新是一种新颖且有意义的消费活动，是消费者与企业共同创造的行为。归纳可知，目前关于顾客创新的内涵实核基本已经达成共识，但关于其内涵边界，则尚有不同的观点。根据王永贵等（2011）的归纳得知，关于顾客创新的研究，主要有三大阵营：顾客创造力研究、顾客知识管理研究和用户创新研究。

这3个研究阵营对顾客创新的内涵边界具有不同的定义。顾客创造力研究领域更强调顾客对创造新奇认知内容的智力投入；顾客知识管理研究领域则更强调顾客在参与创新过程中，与其他顾客之间的信息交流行为；用户创新研究领域则更强调顾客对企业的创新活动的行动介入程度。由此可知，顾客创新实质上是一种通过引导顾客参与产品创新，以更直接了解顾客需求信息，进而实现渐进式创新的体验营销行为。

2.3.2 顾客创新价值的成因

随着顾客创新在实践中所取得的诱人的成效，有关顾客创新的研究论题逐渐成为热点。"顾客为什么要参与创新""顾客创新对企业绩效有什么影响"和"如何影响"等问题则是这一研究领域的主题。徐岚（2007）实证研究发现，独特性产品需求和独特性体验需求分别对消费者创造意愿产生显著影响；且独特性产品需求对创造意愿的影响要受到消费者对企业的信任程度的正向调节作用，独特性体验需求对创造意愿的影响则要受到企业的创造激励的正向调节作用。汪涛等（2009）则基于自我决定理论，实证表明，自我决定水平对顾客参与程度具有积极影响。姚唐等（2013）也以自我决定理论为基础，理论推导出，顾客参与价值共创要受到自主感、胜任感和归属感等基本心理需求的驱动。王永贵等（2011）则通过回顾现有研究，归纳得出，顾客创新主要有三类动因：需求驱动型、信息黏性驱动型和利益驱动型。

然而，顾客创新是否就一定对企业起到积极作用呢？它是如何产生积极作用的呢？针对这些问题，学者们也逐渐深入探究顾客创新对企业绩效的影响。Matthing 等（2004）从知识转移视角，强调应该对顾客参与开发过程或顾客在真实行动中的行为进行观察，以验证服务开发中能够促进向顾客学习和同顾客学习的新途径，由此让企业有更多的机会接触到一系列新的产品创意，捕捉到新的市场机会。卢俊义等（2011）也从知识转移视角，推导得出顾客参与服务创新将通过知识转移效果和知识转移内容的中介作用，积极影响服务创新绩效。姚山季和王永贵（2011）实证表明，顾客参与对新产品开发时间绩效与创新绩效的积极影响会受到产品创新类型的调节作用。黄永春、姚山季和卢俊义（2010）则从关系管理视角，实证研究发现，生产前、后阶段的顾客参与对象征购买意愿存在正向影响，企业的关系管理也会对这种影响产生正向调节作用；生产中阶段的顾客参与对象征购买意愿的正向影响及关系管理的调节效应都不显著。

有的学者则从顾客创新过程中所产生的体验视角，研究顾客创新对企业绩效的影响。Kohler等（2011）实证研究表明，共创体验对顾客的未来利益、顾客购买时间、顾客贡献、口碑宣传行为和购买意愿均具有显著积极影响。Haanti（2003）研究了共同创造过程中，体验强化关系培养，并由此提高了顾客的互惠行为，从而提高企业效益。Füller（2010）从关系管理视角，研究了共创体验对品牌形象、品牌信任、口碑宣传及对新产品的兴趣等的影响，结果表明，共创体验对顾客与企业的关系、顾客与产品的关系均具有积极作用。Von Hippel和Katz（2002）指出，共创体验对于激励顾客做出创造性贡献具有重要作用。Fuller等（2011）实证结果表明，共创体验对顾客创新质量和数量均具有积极影响。Yim，Chan和Lam（2012）实证发现，顾客参与通过享受性体验，提高了顾客和员工的满意度，进而促进企业绩效。

2.3.3 现有CIV研究所存在的主要问题及本研究设想三

纵观现有关于顾客创新的研究成果，主要可以归纳为以下若干主题：一是关于互动平台或工具箱设计的研究（Hoffman，Novak，1996；Nambisan，Baron，2007；Nambisan S，Nambisan P，2008）；二是顾客参与创新的动因（徐岚，2007；王永贵等，2011）；三是顾客创新对企业绩效的影响（卢俊义，王永贵，2011；Füller，2010；Kohler，et al.，2011）；四是顾客参与创新的管理优化问题（张祥，陈荣秋，2006；Payne，et al.，2008；Andreu，et al.，2010）；五是顾客创新对顾客体验的影响（Csikszentmihalyi，1997；Deighton，Grayson，1995；Mathwick，Rigdon，2004；姚唐等，2013）。这些研究成果各从不同角度揭示了顾客创新的动因、顾客创新的积极性，以及如何建设互动平台以吸引顾客参与创新。

可以发现，目前顾客创新对企业绩效的积极作用已充分得到认识，然而，关于顾客创新所带来的利益的形成机理及其测量问题却较少得到关注。这将导致低估顾客赢利性，从而导致企业顾客关系管理的低效率。为此，本书将顾客通过参与企业的产品/服务创新活动而为企业所带来的附加值，定义为顾客创新价值；并尝试从价值形成过程视角，探究顾客创新价值的形成过程。实质上，顾客创新价值是在企业向顾客提供参与创新的平台情境下，由顾客动机和能力交互作用得到的行为结果。从计划行为过程视角，在顾客参与创新情境中，顾客的行为决定是一个目标导向过程。它要历经顾客"对行为的态度""主观规范"及"感知行为控制"引导顾客的行为意向，进而由意向产生行为结果等一系列过程。为此，本研究将以计划行为论为基础理论，探究顾客创新价值的形成过程，并进行实证检验。然后，在此基础上，进一步讨论CIV计量模型的建构问题。以期为优化CLV奠定基础，为顾客关系管理提供新的工具。

2.4 价值共创管理的研究现状

2.4.1 价值共创与共创体验概念之缘起及其内涵

自20世纪80年代开始，关系营销、质量管理、市场导向和服务营销等新兴视角开始挑战传统的产品导向逻辑，服务导向逐渐成为主流逻辑。20世纪90年代，Pine等（1999）提出体验经济，将顾客从传统的被动接受者转变为积极的参与者，与企业共同创造价值。顾客创新、体验营销、共创体验和价值共创等论题开始成为营销的新思潮。

价值共创（Value Co-creation）的基本假设是：顾客总是价值的共创者，体验和感知是重要的价值决定因素（Vargo，Stephen，Luschet，2004）。企业为顾客创造参与创新平台，不仅为自身开拓创新渠道，同时也为顾客创造难忘的独特体验，即共创体验（Co-creation Experience），这已被视为新的价值基础（Füller，Hutter，Faullant，2011）。Füller和Matzler（2007）、Nambisan S和Nambisan P（2008）、Prahalad和Ramaswamy（2003）定义，共创体验是一种情境、个体以及系统交互作用的结果。Füller等（2009）、Füller（2010）将共创体验视作一种享受性的流体验。Kohler等（2011a）也借鉴流理论的定义，界定共创体验是一种以内在享受、参与和兴趣为特征的体验，采用引人入胜的体验（Compelling Experience）的单一维度构念测量。笔者（2010）在前期研究中，也采用流理论，将顾客参与创新所引发的体验定义为顾客通过参与企业的产品创新设计，可以展现自己的创造才能，设计自己喜欢的或受欢迎的产品，从而感受创造卓越的一种体验；采用实现创新体验单一维度构念测量。Gentile，Spiller和Noci（2007）则指出共创体验是一个多维构念。Dahl和Moreau（2007）从个体参与创造性活动的动因视角，证明了个体参与创造性活动是为了寻求诸如能力感、自主感和任务享受等体验。Füller等（2011）借鉴Dahl等的这一研究结论，假设共创体验是以能力、自主权和任务享受3个子构念为测量指标的二阶因子，并进行实证检验；他们还指出，一般情况下个体参与创造性活动不仅仅是因为活动的内容，而且是因为他们享受与志趣相投者进行交流，以及想要建立社会关系；他们从与志趣相投者的交流和期盼见面中得到享受；Füller 等采用团队意识（sense of community）来表达这一享受感，并将其作为共创体验的一个前因进行研究。根据Füller 等对团队意识的定义，团队意识应当是平行于能力感、自主感和任务享受3种体验类型，属于共创体验的一种形式，因此，应作为共创体验的测量维度加以研究。Kohler等（2011b）实地实验研究发现，共创体验是具有实用性、社交性、适用性和享乐性的多维构念；所提取的社交性维度的内涵正是与"团队意识"一致。

可见，关于共创体验的内涵尚未得到厘清，现有研究对这一构念的内涵界定和测量不一，这将导致认识的误差或误解，从而阻碍共同创造理论的进一步发展。据Csikszentmihalyi（1997）对"流"的定义：流体验是一种不费余力的高度集中的意识状态，流理论的"享受"是一个模糊的概念，难以充分表达共创体验的真正内涵。且根据已有的实证研究，体验应当是个多维构念，仅仅采用"享受"来界定共创体验并不能充分地描述其内涵，且将导致难以深层次地揭示价值共创过程中的机制（即共创价值之形成机理），从而导致管理的失效。因此，有必要从更广泛的社会心理学视角厘清共创体验的内涵，为进一步探究其之所以成为新的价值基础等研究问题奠定基础。

2.4.2 共创体验的设计研究

基于共创体验是新的价值基础的思想，不少学者先后探究了互动的作用及如何为顾客创造"共创体验"的系统设计等论题。Nambisan和他的合作者（Nambisan，Baron，2007；Nambisan，2008）研究了在线产品论坛背景下顾客的实际互动体验，实证研究结果表明，顾客互动是价值共创的重要价值来源，在某种程度上，虚拟顾客环境中的互动形成了实际参与。因此，Kohler等（2011b）认为，迫切需要设计互动平台，为顾客创造"共创体验"。Kohler等（2011b）就虚拟世界的共同创造系统的设计问题进行了探究，并提出了设计具有吸引力的共创平台的建议和方案。完善了Nambisan及其合作者（Nambisan，Baron，2007，2009；Nambisan，2008）所提出的在线讨论组形式的虚拟顾客环境的设计。

也有学者从过程管理视角探讨共创体验的设计问题。Hoffman和Novak（1996）指出，创造具有吸引力的网站交流平台的关键在于保持流动状态。Sawhney，Verona 和Prandelli（2005）讨论了互联网对企业诱发顾客产生共创体验，进而实现共创价值的优越性；分析了互联网对克服传统的产品创新中的两个关键悖论——接触的顾客数量对与顾客接触的时间长度，创新的前段阶段对后端阶段的作用。Gentile等（2007）探究了如何为共创体验创造恰当的环境，以有利于价值共创。Payne，Storbacka和Frow（2008）就企业如何管理价值共创进行研究，以服务导向逻辑，从关系体验视角出发，构建了理解和改进价值共创的过程性（包括顾客学习过程、企业学习过程及互动过程）的概念框架，并采用一个旅游公司为研究案例，分析该管理框架的应用。Andreu，Sánchez和Mele（2010）构建了一个整合顾客、供应商及其互动的价值共创过程的框架，并通过多案例研究，发现所构建框架能够有效性管理共同创造，且该框架能够提高不同关系阶段的参与人的利益。

2.4.3 共创体验的效益

归纳发现，现有研究成果主要从管理视角，探讨共创体验对顾客态度和行为、企业—顾客关系及企业绩效的影响。Csikszentmihalyi和Mihaly（1990），Nakamura和Csikszentmihalyi（2002），Deighton 和Grayson（1995），Mathwick和Rigdon（2004），Novak和Hoffman（2000）等学者研究发现，共创体验对顾客态度和行为均具有积极影响。Bendapudi和Leone（2003）研究发现，在自私偏见机制作用下，共同创造不利于提高顾客满意度。Kohler等（2011a）实证研究表明，共创体验对顾客的未来利益、顾客购买时间、顾客贡献、口碑宣传行为和购买意愿均具有显著积极影响。Haanti（2003）研究了共同创造过程中，体验强化关系培养。Füller（2010）从关系管理视角，研究了共创体验对品牌形象、品牌信任、口碑宣传及对新产品的兴趣等的影响，结果表明，共创体验对顾客与企业的关系、顾客与产品的关系均具有积极作用。Von Hippel等（2002）指出，共创体验对于激励顾客做出创造性贡献具有重要作用。Füller等（2011）实证结果表明，共创体验对顾客创新质量和数量均具有积极影响。Yim，Chan和Lam（2012）实证发现，顾客参与通过享受性体验，提高了顾客和员工的满意度，进而促进企业绩效。笔者（2010）在前期研究中，将共创体验作为单一维度构念的流体验，实证研究体验营销对CLV的影响，研究结果发现，实现创新体验（共创体验）对价格灵敏度存在显著性负向效应，且环境动荡性对共创体验与顾客满意的关系具有弱化作用。在实证研究的基础上，运用数学建模方法，以CLV为测量指标，尝试构建实现创新体验（共创体验）的价值测量模型，进而探究其实施的决策管理问题。然而，这一前期研究仅从顾客管理视角，且仅考虑流体验这一单一维度，探究共创体验对顾客行为和态度及企业赢利的作用，尚未充分揭示其中的作用机制。

2.4.4 现有价值共创管理研究所存在的主要问题及本研究设想四

综上所述，可以发现：其一，当前研究对共创体验的内涵尚没有统一性的界定，厘清共创体验的内涵，还有待深度诠释。其二，纵观现有关于价值共创管理的研究，当前主要是以服务导向逻辑，从顾客管理视角来探究价值共创平台设计及其效益等研究论题，但较少诠释价值共创过程中的作用机制（即共创价值之形成机理）问题。这导致未能充分地揭示共创体验对顾客赢利性的影响效应及其中起决定作用的因素，从而难以清晰地认识价值共创的实质，导致优化管理的困难。

新的价值基础——共创体验是顾客参与企业创新活动而引发的认知反应，实质上是一种由顾客高度介入加工而产生的心理势力。其对顾客赢利性的作用，需要在特定情境下经过一系列心理历程变化，而后产生特定的行为表征，从而影响企业赢利（即产生价值）。从传统的顾客管理视角进行研究，很难剖析在共创体验作用下个体的心理历程的变化机制，从而导致难以解释"体验—态度—行为—价值"的内在影响机制。厘清心理历程的动力结构，是阐明"体验—态度—行为—价值"的内在影响机制的关键。这即是说，从心理动力结构视角探究在共创体验作用下个体的心理历程的动力结构及其作用机制，将能够更好地剖析共创价值的形成机理，从而为管理优化提供更确切的理论依据。

　　为此，本研究在完成CLV优化研究基础上，进一步探究如何运用所构建CLV模型和所发现的结论建构赢利的顾客资产库及优化价值共创管理；然后，从心理动力结构视角，探究在共创体验作用下个体的心理历程的动力结构，以及价值共创过程的作用机制，以期打开价值共创过程中的动态演讲耦合机制这一黑箱。进而，深化价值共创管理优化，完成顾客赢利性的管理优化的建构研究。由此，丰富顾客关系管理理论，并提供新的管理逻辑。

2.5 本章小结

本章在回顾CLV内涵及其测量模型的演化基础上，评介了顾客赢利性测量与管理的研究成果，发现关于CLV的价值结构尚处于不断待完善状态，对CLV的价值结构及其各价值成分的内涵尚缺乏清晰的剖析，尤其是关于价值共创模式下的顾客赢利性的形成机制与管理缺乏深度探讨，这导致了顾客管理优化的困难。为此，本章评述了CLV的两种隐性价值——CRV和CIV的研究现状，以及价值共创管理的研究成果，由此，发现了当前CLV模型所存在的缺陷，以及未能揭示价值共创模式下顾客赢利性的形成机制的原因所在。从而，提炼出本书的两个关键研究问题，并推导出本书的研究视角和思路。

本章明确了从价值结构视角诠释顾客赢利性内涵的有效性，并将CLV的价值结构分为现在价值、潜在价值、口碑价值和创新价值等四部分；从社会影响视角诠释顾客口碑价值的形成机理，从计划行为论视角诠释顾客创新价值的形成机理；在实证研究基础上，优化CLV模型及诠释其函数性质；进而探究如何运用所构建CLV模型和所发现的结论建构赢利的顾客资产库及优化价值共创管理；从心理动力结构视角探究在共创体验作用下个体的心理历程的动力结构及其作用机制，以期打开价值共创过程中的动态演进耦合机制这一黑箱。进而，深化价值共创管理优化，以及完成顾客赢利性的管理优化的建构研究。

第三章
顾客口碑价值之形成机理：基于社会影响视角

顾客口碑推荐作为获得新顾客的一种渠道，越来越得到学术界和实业界的关注和重视。由顾客口碑宣传所产生的价值也成为衡量顾客终身价值和管理顾客的重要因子之一，顾客口碑推荐为企业带来营销成本的节约已成为共识。然而，顾客口碑推荐不仅仅给企业带来营销成本的节约，也不仅仅对被推荐者起作用。本章从社会影响视角，推导出顾客口碑价值形成机理的概念模型，并提出相应研究假设；采用问卷调查法，通过对广州市的12家零售商店的顾客开展为期两个月的现场调查，最终收集到591份有效样本数据，以检验研究假设，并由此揭示顾客口碑价值的形成机理，以期为进一步优化顾客口碑价值计量模型奠定理论基础；最后，探讨研究结论的企业管理启发。

3.1 顾客口碑价值形成过程的概念模型

由第二章关于顾客口碑价值的成因及其测量模型研究的讨论可以推断，顾客口碑推荐在转化成价值过程中，会受到诸多因素的制约。然而，目前研究尚未能充分挖掘这些潜在中介影响因素。从价值形成过程角度，顾客口碑推荐为企业吸引潜在顾客、挽留现有顾客及刺激顾客进行购买，从而为企业节约成本及提高收益，即形成顾客口碑价值。实质上，顾客口碑价值是顾客口碑推荐这一社会影响行为的效果的衡量指标。为此，本研究选择从社会影响视角探究顾客口碑价值的形成机制。

根据社会影响理论得知，社会影响（行为）的大小要受到影响源的强度、接近性和群体规模等行为环境因素的作用，也即是受到自身社会影响力和所处的社会关系广度的影响。顾客口碑推荐是顾客通过与其他个体进行沟通，推荐其他个体购买企业产品或服务的行为过程；这一行为的效果是以其他个体实现购买，从而为企业带来利益（第一种类型的顾客口碑价值，CRV_1）为衡量指标。因此，顾客口碑价值要通过顾客个体意见对他人行为的影响程度（意见领袖），以及个体所处的社会网络中的推荐幅度的作用而得以形成。即是说，顾客口碑价值的形成受到顾客的社会影响力（描述口碑宣传强度）和社会关系广度（描述顾客的口碑推荐数量）的影响。

另外，根据社会影响中的"一致性原理"可以推论，由于受到"保持行为与态度的一致性"意识的驱使，作为推荐者的顾客将会更加明确自身的这种积极态度，即强化态度确定性，进而促使自身更积极地为企业创造利益（第二种类型的顾客口碑价值，CRV_2）。由此可以推论得到，顾客口碑价值的形成机理概念模型（如图3-1所示）。

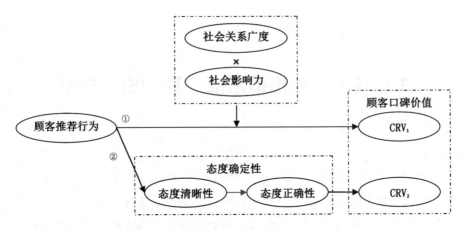

图3-1 顾客口碑价值的形成机理概念模型

注：作用机制①是对被推荐者的影响；作用机制②是对推荐者自身的影响。

价值共创模式下的顾客赢利性测量与管理

3.2 研究假设

3.2.1 顾客推荐行为的价值形式

根据本研究对顾客口碑价值的定义，顾客口碑价值表现为显性收益（顾客购买额的增加）和隐性收益（顾客成本的下降）两种形式。顾客口碑推荐是一种主动向他人传递关于某企业或商品的积极信息的社会影响行为，因此，可能诱发当事人（被推荐者与推荐者）作出相应的积极反应——进行购买，从而提高了顾客对企业的购买额。

其次，从成本产生的原因看，顾客成本涉及以下3个方面：一是企业为吸引顾客而花费的营销费用，即为顾客获得成本。正如现有研究已指出的，由于受他人的口碑推荐的刺激，顾客可以在没有企业营销努力条件下，主动且积极地购买企业产品，从而为企业节约了顾客获得成本（Schmitt，Skiera，Bulte，2011a；2011b；2013；Kumar，et al.，2010）。二是企业为保留顾客而花费的营销和管理成本，即为顾客保留成本。在市场经济和科技高速发展背景下，商品差异化程度逐渐下降，顾客流动性随之提高，因此，企业需要花费更多努力以维持顾客忠诚。诚如上文所述，顾客口碑推荐有利于促使顾客进行购买，以此类推，也将有利于促使顾客继续购买，从而为企业节约顾客保留成本。三是顾客购买过程中砍价能力所产生的购买成本。不难理解，当顾客的价格灵敏度较高或砍价能力较强时，企业的溢价能力相对减弱，因此，溢价所带来的附加值也相对较少。类似于社会影响中的说服情境，在发生顾客口碑推荐情境中，顾客口碑推荐这一社会影响行为将可能成为驱动个体目标行为的主要动因，并且，由于对这种动因的"凝注"，使得个体忽视其他"次要"的购买要素。也就是说，顾客口碑推荐可能降低顾客的价格灵敏度。

由此，可以归纳得出，从价值形式角度，顾客口碑价值主要反映为顾客购买额增长、顾客获得成本降低、顾客保留成本降低和企业溢价能力提高4个方面。这4类价值形式具有清晰的含义，并且能够全面地覆盖顾客口碑价值的内涵，故可作为顾客口碑价值的测量维度。从价值产生来源角度，顾客口碑价值来源于两方面：其一，顾客口碑推荐促使被推荐者实现购买，或继续购买，或增加购买额，或降低价格灵敏度，从而为企业带来利益（CRV_1）；其二，口碑推荐促使推荐者自身继续购买，或增加购买额，或降低价格灵敏度，从而为企业创造利益（CRV_2）。由此推断得到如下假设：

H3.1：顾客口碑价值具有以CRV_1（由被推荐者产生的利益）和CRV_2（由推荐者自身产生的利益）为二阶因子的多维结构。其中，CRV_1以顾客购买额增长、顾客获得成本降低、顾客保留成本降低和企业溢价能力等4种价值形式为其测量指标；CRV_2以顾客购买额增长、顾客保留成本降低和企业溢价能力等3种价值形式为其测量指标。

3.2.2 CRV_1的形成机制：社会影响的调节作用

根据定义，第一种类型的顾客口碑价值（CRV_1）是顾客通过与其他个体进行沟通，主动向他人传递关于某企业或商品的积极信息，从而促使其他个体实现购买而为企业带来利益。其实质是一种社会影响行为效果，因此，其形成过程要受到相关的行为环境因素的限制。由社会影响理论可以推论，顾客口碑价值的形成过程受到推荐者自身社会影响力和所处的社会关系广度的影响。其中，社会影响力是指顾客个体意见对他人行为的影响程度（意见领袖），描述口碑宣传强度；社会关系广度是指个体所处的社会网络中的推荐幅度，描述顾客的口碑推荐数量。不难推断，顾客的社会影响力越大，其口碑推荐越容易得到被推荐者的认可和接受，并且顾客的社会影响力发挥作用需要以顾客实现口碑推荐为前提。如果顾客只有强烈的口碑推荐意向和社会影响力，但没有合适的被推荐对象，那么顾客口碑价值依然无法形成。反之亦然，顾客在其社会网络中的推荐数量越多，越有利于口碑推荐得到被推荐者的接受，并且这一社会关系广度发挥作用也受制于顾客自身的社会影响力的大小，因为人们不会采纳不足为信的建议。由此可以推断，顾客口碑价值要通过顾客的社会影响力和社会关系广度的交互作用而得以形成。故有如下假设：

H3.2：顾客推荐行为转化成顾客口碑价值要受到顾客的社会关系广度和社会影响力的交互调节作用。

3.2.3 CRV$_2$的形成机制：顾客态度确定性的中介作用

第二种类型的顾客口碑价值（CRV$_2$）是指由推荐者自身带给企业的"大运"。据社会影响中的"一致性原理"，个体行为会受到"保持行为与态度的一致性"意识的驱使。个体的态度会随着先验行为的发生而产生方向性或强度的变化，这种态度变化状况取决于个体对先验行为的归因。津巴多等（2008）指出，个体可能将原因归结于个体的特质（特质归因）或其周围情境中的某些方面（情境归因）。当缺乏充分有力的情境因素来解释先验行为时，个体往往就会强化那种"与过去行为相对应的"态度，即使原来持相反态度（这时即是发生方向性的态度变化）。由于顾客口碑推荐是一种主动性的社会影响行为，没有强烈的强迫性诱因可作为解释口碑推荐的明显理由，所以，推荐者会对这一行为进行特质归因，即将其解释为自身态度使然。因此，在顾客进行口碑推荐之后，"保持行为与态度的一致性"意识将进一步驱使顾客更加明了自身对企业或产品的积极态度（提高态度清晰性），进而更认可自身这一积极态度（强化态度正确性），由此坚定了这一积极态度（强化态度确定性），从而促使自身更积极地为企业创造利益。据此，提出如下假设：

H3.3：顾客推荐行为转化成顾客口碑价值要受到顾客本身的态度确定性的中介作用；顾客推荐行为这一先验行为强化了态度清晰性，态度清晰性进而强化态度正确性，从而进一步增长顾客口碑价值。

3.3 研究方法

3.3.1 样本数据与收集

根据上述研究假设，本次研究采用问卷调查法进行实证研究。由于个体消费者的购买行为更容易受到情境因素的影响，其购买决策的自由度更大，因此，本研究将零售商店的个体消费者作为调查对象。鉴于条件的限制，本研究在完成预调查分析后，于2013年1月至2013年2月对广州市的广州百货、正佳广场、广州友谊商店、摩登百货、天河城百货、广州王府井百货、新大新、吉之岛超市、华润万家、屈臣氏、好又多及娇兰佳人等12家零售商店的顾客开展为期两个月的现场调查。本次调查共发放1000份问卷，最终收回591份有效问卷，有效回收率为59.1%。

样本数据分布特征如表3-1所示。就年龄段而言，本研究调查对象主要集中在20～40岁的顾客群，占82.1%。被调查对象受过高等教育的占84.3%，主要为大专和本科学历。女性比例为62.9%。T检验结果表明，不同年龄段、不同学历、不同性别的被调查者，其跟亲朋好友讨论指定商品的频率以及讨论指定商品的人数，并没有显著差异。这表明，本研究随机抽取的调查样本人群分布的不均匀不会影响研究结果。

表3-1 样本数据分布特征

特征变量	类别	频数	百分比（%）	特征变量	类别	频数	百分比（%）
受访商店	广州百货	46	7.8	年龄	20岁以下	81	13.7
	正佳广场	60	10.2		20～30岁	393	66.5

特征变量	类别	频数	百分比（%）	特征变量	类别	频数	百分比（%）
受访商店	广州友谊商店	53	9	年龄	31～40岁	92	15.6
	摩登百货	70	11.8		41～50岁	19	3.2
	天河城百货	50	8.5		50岁以上	6	1
	广州王府井百货	4	0.7	学历	大专以下	93	15.7
	新大新	34	5.8		大专	167	28.3
	吉之岛超市	12	2		本科	305	51.6
	华润万家	149	25.2		硕士研究生	26	4.4
	屈臣氏	51	8.6	性别	男	219	37.1
	好又多	20	3.4		女	372	62.9
	娇兰佳人	42	7.1	Total		591	100

3.3.2 量表设计与测量

本研究在文献研究基础上，设计了初步量表，然后采用网上调查和实地调查两种方式，进行问卷预调查，并请被调查者标记出问卷中定义不清和表述费解的项目，及对题项的表述提出修改意见。根据这些反馈意见对问卷进行修改，得到预调查问卷。第一次预调查共回收207份有效问卷，通过信效度分析、对发现的问题和反馈意见的讨论，完成问卷第二次修改。第二次预调查共回收245份有效问卷，此次问卷的信效度达到了较好水平。各个测量指标的载荷均大于0.55，各个构念的CR均大于0.70，AVE值均大于0.5。并且，探索性因子分析和二阶验证性因子分析结果也表明了顾客口碑价值具有良好的构念效度。由此，得到最终问卷（见表3-2）。各个构念的具体测量设计如下。

（1）顾客口碑价值（CRV）

如前所述，本研究采用溢价能力（PR）、购买额增长（MA）、获得成本降低（AC）、保留成本降低（RC）4个维度测量顾客口碑价值。根据本研究的定义，企业的溢价能力直接体现为顾客的价格灵敏度，是指顾客愿意支付更多的程度。Lichtenstein，Bloch和Black（1988）采用了3个题项来测量这一指标，其测量信度与效度都很好。Petrick（2005）采用Lichtenstein等的测量量表，也得到很好的测量信度与效度。因此，本研究基于现有测量量表，通过访谈和讨论，根据被推荐者和推荐者两种情景，调整相应的语言表达，分别采用3个测量题项对PRA（因子载荷分别为：0.79，0.82，0.83）和PRB（因子载荷分别为：0.82，0.86，0.86）进行测量。

本研究将购买额增长界定为：由口碑推荐行为所引起的顾客购买额的增加。购买额增长可以来源于被推荐者和推荐者任一方。一般表现为：对所推荐的商店或产品花费更多金额，或购买数量增多，甚或是进行相关的交叉购买。根据该定义，针对被推荐者和推荐者两种情境，本研究分别设计了3个题项测量MAA（因子载荷分别为：0.73，0.86，0.85）和MAB（因子载荷分别为：0.76，0.87，0.88）。

获得成本降低是指顾客推荐行为给企业带来的顾客获得成本的节约，表现为口碑推荐为企业带来新的顾客或吸引更多顾客的主动购买。这一价值的形成是以被推荐者主动进行购买为基础的，所以应归属于被推荐者的行为结果。根据这一含义，本研究设计了4个题项测量AC（因子载荷分别为：0.69，0.80，0.83，0.81）。

保留成本降低是指顾客推荐为企业带来的顾客保留成本的节约，表现为口碑推荐行为促使顾客愿意继续购买企业的产品。针对被推荐者和推荐者两种情境，本研究分别设计了3个题项测量RCA（因子载荷分别为：0.82，0.81，0.80）和RCB（因子载荷分别为：0.76，0.82，0.85）。

（2）顾客口碑推荐（WOM）

Keng等（2007）采用两个题项测量WOM。Lam等（2009）在研究文化价值对口碑宣传行为的影响中，对Keng等（2007）的量表进行拓展，分为组内口碑宣传（in-group WOM）和组间口碑宣传（out-group WOM）两个维度来测量顾客的口碑宣传行为。这两个维度的测量量表的信度达到接受水平。笔者在前期的研究（2010）中，采用了Keng等的量表，也得到良好的测量信度和效度（CR=0.77，AVE=0.54）。因此，本研究继续使用这一量表。所得的因子载荷分别为：0.71，0.67，0.70，0.66，0.67。

（3）社会关系广度（SR）

社会关系广度是指个体所处的社会网络中的推荐幅度，描述顾客的口碑宣传数量。其大小取决于个体网络的人数和顾客与他人谈论产品的频率。其实质是反映个体的社会联系程度，即HU和Korneliussen (1997) 所界定的"社会网络"。曾明彬和杨建梅（2011）根据HU的定义，认为社会网络因素包括朋友关系、社会接触的频繁程度、同学和校友与老乡关系、参加相同社会团体、原同事关系等指标，并用5个题项测量社会网络，得到的量表信度较高（α=0.768）。因此，本研究也采用这一量表，由于"同学和校友与老乡关系"与"亲朋好友关系"的重复程度人高，且因子载荷小于0.5，因此这一题项被删除。最终得到SR的因子载荷分别为：0.73，0.77，0.71，0.69。

（4）社会影响力（SI）

社会影响力是指个体的意见对他人行为的影响程度（意见领袖），描述口碑宣传强度。Helm（2003）指出，社会影响力的要素包括：个人对特定市场、产品或服务的专长，以及他特有的品格（外向型、统领型和向心性等）。Iyengar，Van den Bulte和Valente（2011）采用中心地位（Indegree centrality）和自我报告领导能力（Self-reported Leadership）两个维度来测量意见领袖，共设计了6个题项来测量意见领袖。其量表具有较好的信度和效度。因此，本研究采用了这一量表。由于Iyengar等（2011）的量表中前两个题项"一般情况下，我会经常与亲朋好友谈论这里的商品"和"在过去的6个月里，我跟很多人谈论过这里的商品"与测量口碑推荐数量的"社会关系广度"重复性很高，所以，本研究最终决定删除这两个题项。所测量的SI载荷分别为：0.80，0.81，0.75，0.76。

（5）态度确定性（AU）

态度确定性是态度强度的影响因素之一，主要包括态度清晰性（ACO）和态度正确性（ACL）两个重要部分（Petrocelli，Tormala，

Rucker，2007）。Petrocelli等（2007）以态度清晰性和态度正确性为态度确定性的二阶因子，开发态度确定性的测量量表。其所开发的量表具有较好的信效度，因此，本研究采用这一量表。测量得到态度清晰性ACO的因子载荷分别为：0.65，0.81，0.81，0.78；态度正确性ACL的因子载荷分别为：0.71，0.70，0.82。最终，得到所有构念的测量如表3-2所示。

表3-2 构念信效度分析结果

潜变量	题项		载荷	CITC	标准化α	CR	AVE
PRA	PR1	在推荐这里的商品后，即使这里的价格比其他商店高一些，我的亲朋好友也会接受	0.79	0.73	0.86	0.85	0.66
	PR2	在推荐这里的商品后，我的亲朋好友都愿意支付高一点的价格	0.82	0.76			
	PR3	在推荐这里的商品后，即使这里的价格比其他商店高一些，我的亲朋好友也会频繁地光顾这里	0.83	0.74			
MAA	MA1	在推荐这里的商品后，我的亲朋好友在这里购物花费的金额比以前多	0.73	0.70	0.86	0.86	0.67
	MA2	在推荐这里的商品后，我的亲朋好友在这里购买的商品种类更多	0.86	0.76			
	MA3	在推荐这里的商品后，我的亲朋好友在这里购买的商品数量更多	0.85	0.76			
AC	AC1	在推荐这里的商品后，我的亲朋好友会主动购买这里的商品	0.69	0.63	0.87	0.86	0.62
	AC2	在推荐这里的商品后，不需要企业广告宣传，我的亲朋好友也会购买这里的商品	0.80	0.75			

潜变量		题项	载荷	CITC	标准化α	CR	AVE
AC	AC3	在推荐这里的商品后，不需要企业推销，我的亲朋好友也会乐意在这里购买商品	0.83	0.79	0.87	0.86	0.62
	AC4	在推荐这里的商品后，我的亲朋好友更喜欢购买这里的商品	0.81	0.71			
RCA	RC1	在推荐这里的商品后，我的亲朋好友在很长一段时间里都会来这里购物	0.82	0.73	0.85	0.85	0.66
	RC2	在推荐这里的商品后，我的亲朋好友经常会选择来这里购物	0.81	0.74			
	RC3	在推荐这里的商品后，我的亲朋好友会优先选择来这里购物	0.80	0.69			
PRB	PR4	在推荐这里的商品后，即使这里的价格高一点，我也会购买这里的商品	0.82	0.74	0.87	0.88	0.71
	PR5	在推荐这里的商品后，即使这里的价格比其他商店高一些，我也会频繁光顾这里	0.86	0.78			
	PR6	在推荐这里的商品后，即使这里的价格比其他商店高一些，我也可以接受	0.86	0.74			
MAB	MA4	在推荐这里的商品后，我在这里购物花费的金额也会比以前多	0.76	0.72	0.88	0.88	0.70
	MA5	在推荐这里的商品后，我在这里购买的商品种类也会更多	0.87	0.80			
	MA6	在推荐这里的商品后，我在这里购买的商品数量会更多	0.88	0.79			

第三章 顾客口碑价值之形成机理：基于社会影响视角

潜变量	题项		载荷	CITC	标准化α	CR	AVE
RCB	RC4	在推荐这里的商品后，我在很长一段时间里都会来这里购物	0.76	0.69	0.86	0.85	0.66
	RC5	在推荐这里的商品后，我也会积极购买这里的商品	0.82	0.75			
	RC6	在推荐这里的商品后，我更喜欢购买这里的商品	0.85	0.76			
WOM	WOM1	我会向亲朋好友介绍这里的商品	0.71	0.63	0.81	0.81	0.47
	WOM2	我会跟亲朋好友分享或交流关于这里的商品信息	0.67	0.60			
	WOM3	我会建议亲朋好友光顾这里	0.70	0.62			
	WOM4	我会向亲朋好友提供有关这里的信息	0.66	0.58			
	WOM5	我会带亲朋好友来这里购物	0.67	0.58			
SR	SR1	我经常与亲朋好友讨论这里的商品	0.73	0.61	0.82	0.82	0.53
	SR2	我经常与同事讨论这里的商品	0.77	0.66			
	SR3	我会经常与那些和我有频繁社会接触的人讨论这里的商品	0.71	0.66			
	SR4	我会经常与那些和我参加相同社会团体的人讨论这里的商品	0.69	0.63			
SI	SI1	相比较周围的朋友，大家更喜欢向我询问关于这里的商品信息	0.80	0.69	0.86	0.86	0.61
	SI2	在讨论这里的商品时，在大多数情况下，大家都会采纳我的意见	0.81	0.67			
	SI3	在讨论这里的商品时，更多时候是我把这里的商品信息告诉给朋友们	0.75	0.74			

潜变量	题项		载荷	CITC	标准化α	CR	AVE
SI	SI4	在讨论这里的商品时，我总是充当着大家的智囊	0.76	0.72	0.86	0.86	0.61
ACO	AU1	我很明确我对这里的真实态度是什么	0.65	0.59	0.85	0.85	0.59
	AU2	我很确定向亲朋好友所说的，能够反映我的真正想法和感受	0.81	0.73			
	AU3	对所推荐商品的真正态度，我心里很清楚	0.81	0.72			
	AU4	我很确定向亲朋好友所说的，是我真正的态度	0.78	0.70			
ACL	AU5	我很确定来这里购物是对的	0.71	0.62	0.79	0.79	0.55
	AU6	在推荐这里的商品后，我很确定亲朋好友对这里的态度跟我是一致的	0.70	0.61			
	AU7	我很确定推荐这里的商品，能够很好表达我对这里的看法和感受	0.82	0.65			
CRV₁(二阶)	PRA		0.71	0.61	0.86	0.89	0.67
	MAA		0.84	0.74			
	AC		0.86	0.73			
	RCA		0.86	0.72			
CRV₂(二阶)	PRB		0.75	0.66	0.86	0.91	0.76
	MAB		0.90	0.74			
	RCB		0.96	0.78			

第三章　顾客口碑价值之形成机理：基于社会影响视角

3.3.3 信度与效度分析

（1）信度分析

如表3-2所示，各构念的α值均大于0.79，CR值均大于0.79，且测量变量的项目层面相关系数（CITC）都大于0.35，这说明这些变量具有较好的内部一致性，所获取的数据符合可靠性要求，即说明量表具有较好的信度。

（2）CRV的效度分析

将样本随机分成两个子样本，取其中一个子样本进行探索性因子分析。由探索性因子分析（如表3-3所示）得知，KMO值=0.948>0.5，方差贡献率=79.312%>50%，各因子载荷均大于0.58，且因子旋转得到的各因子结构与理论推理相一致。

表3-3 顾客口碑价值的结构效度分析

构念	题项	1	2	3	4	5	6	7
PRA	PR1	0.760						
	PR2	0.834						
	PR3	0.772						
MAA	MA1		0.686					
	MA2		0.732					
	MA3		0.765					
AC	AC1			0.575				
	AC2			0.862				
	AC3			0.823				
	AC4			0.575				
RCA	RC1				0.694			
	RC2				0.725			
	RC3				0.669			

构念	题项	1	2	3	4	5	6	7
PRB	PR4					0.785		
	PR5					0.713		
	PR6					0.731		
MAB	MA4						0.770	
	MA5						0.753	
	MA6						0.763	
RCB	RC5							0.603
	RC6							0.735
	RC7							0.616
KMO=0.948，方差贡献率=79.312%，N=287								

再采用由随机分成的另一个子样本进行验证性因子分析，由一阶验证性因子分析得到，各因子载荷均处于0.69～0.88，且拟合度也较为理想（χ^2/df=2.10，RMSEA=0.060，SRMR=0.043，GFI=0.89，AGFI=0.86，NNFI=0.98，CFI=0.99）。并且，其二阶因子分析结果中，CRV的两个二阶因子CRV_1和CRV_2的载荷均大于0.71，且拟合度较为理想（χ^2/df=2.30，RMSEA=0.066，SRMR=0.056，GFI=0.88，AGFI=0.85，NNFI=0.98，CFI=0.98）。由此说明，CRV的测量量表具有较好的结构效度。

由一阶验证性因子分析得知，各因子载荷均大于0.69，如表3-2所示，其各子维度的AVE值均大于0.62；且以被推荐者带来的附加值和推荐者带来的附加值作为两个高阶因子，进行二阶因子分析，结果得知，各高阶因子系数均大于0.71，且CRV_1与CRV_2的AVE值分别为0.67与0.76，均大于0.5。由此可见，CRV量表具有较好的收敛效度。再而，如表3-3所示，CRV各个子维度的AVE值的平方根均大于其与其他变量的两两相关系数，这表明CRV各个子维度具有良好的区分效度。

（3）SI，SR，ACO，ACL，WOM的效度分析

如表3-2所示，由CFA结果得知，各构念的因子载荷均处于0.65～0.82，且除了WOM的AVE值（等于0.47）略小于0.5外，其他构念的AVE值均大

于0.50，所以，量表的收敛效度可以接受。同时，在区分效度检验中发现，构念的AVE值平方根均大于其与其他变量的两两相关系数，这说明构念SI，SR，ACO，ACL，WOM具有较好的区分效度（如表3-4所示）。

表3-4 各变量均值、标准差及相关系数分析

	Mean	SD	PRA	MAA	AC	RCA	PRB	MAB	RCB	SR	SI	ACO	ACL	WOM	CRV$_1$	CRV$_2$
PRA	2.93	0.77	0.81													
MAA	3.14	0.76	0.58	0.82												
AC	3.20	0.72	0.53	0.64	0.79											
RCA	3.18	0.72	0.49	0.66	0.68	0.81										
PRB	3.00	0.79	0.62	0.50	0.50	0.50	0.84									
MAB	3.21	0.76	0.47	0.61	0.58	0.59	0.59	0.84								
RCB	3.23	0.74	0.47	0.58	0.64	0.64	0.75	0.81								
SR	3.17	0.67	0.40	0.52	0.42	0.52	0.36	0.43	0.41	0.73						
SI	3.16	0.66	0.52	0.61	0.60	0.60	0.48	0.53	0.56	0.54	0.78					
ACO	3.74	0.63	0.27	0.32	0.35	0.31	0.27	0.32	0.34	0.28	0.36	0.77				
ACL	3.49	0.66	0.41	0.47	0.53	0.51	0.49	0.50	0.56	0.45	0.55	0.60	0.74			
WOM	3.54	0.57	0.31	0.45	0.46	0.45	0.29	0.40	0.46	0.52	0.41	0.40	0.45	0.68		
CRV$_1$	3.11	0.62	0.79	0.87	0.85	0.85	0.64	0.67	0.70	0.70	0.37	0.58	0.50		0.82	
CRV$_2$	3.15	0.67	0.60	0.64	0.65	0.65	0.85	0.89	0.90	0.45	0.60	0.35	0.59	0.43	0.76	0.87

注：对角线上数据为各构念的AVE值的平方根，下三角数据为各构念间的两两Pearson相关系数，各构念相关系数显著性P均小于0.001（双尾检验）。

3.3.4 假设检验

（1）顾客口碑推荐行为对CRV各价值成分的影响

由高阶因子分析（如图3-2所示）得知，CRV的两个二阶因子CRV$_1$和CRV$_2$的载荷均大于0.71，CRV$_1$与CRV$_2$的相关度较高（$r=0.86$，$P<0.001$），且拟合度较为理想（$\chi^2 / \mathrm{d}f=2.30$，RMSEA=0.066，

SRMR=0.056，GFI=0.88，AGFI=0.85，NNFI=0.98，CFI=0.98），这一分析结果支持了假设H3.1。

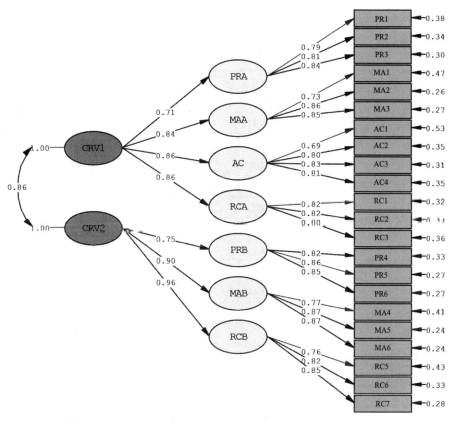

Chi-Square=462.45，df=201，P-value=0.00000，RMSEA=0.066

图3-2 CRV的高阶因子分析

（2）社会影响在CRV形成过程中的影响检验

采用层次回归分析法（Baron-Kenny法）检验社会关系广度和社会影响力对顾客口碑推荐行为转化成顾客口碑价值的调节作用，检验结果如表3-5所示。在控制口碑推荐行为分布特征（每周讨论频率、每周讨论人数）和人口统计特征（年龄、教育程度和性别）的影响的条件下，进行层次回归分析发现，交互项WOM*SR*SI的系数显著为正（β=0.081，P=0.051；△R²=0.003，P=0.051），这表明假设H3.2：社会影响力与社会关系广度对

WOM→CRV_1的交互调节作用通过检验，即社会影响力与社会关系广度的交互影响着CRV的形成。

表3-5 社会影响在CRV形成过程中的影响

因变量 / 自变量	CRV₁			
	M0	M1	M2	M3
(Constant)	2.760**	0.517**	0.557**	0.735**
frequence	0.102**	0.024	0.026	0.030
PerT	0.100**	-0.028	-0.029	-0.027
age	0.058	-0.019	-0.016	-0.020
EduD	-0.094**	-0.040	-0.040	-0.040
Gender	-0.039	-0.030	-0.034	-0.029
WOM		0.214**	0.214**	0.187**
SR		0.156**	0.153**	0.143**
SI		0.489**	0.481**	0.461**
WOM*SR			0.048	0.049
WOM*SI			0.023	0.031
SR*SI			-0.092*	-0.089*
WOM*SR*SI				0.081^
R^2	0.072**	0.564**	0.568**	0.570**
$\triangle R^2$		0.492**	0.004	0.003^

注：**. $P < 0.01$，*. $P < 0.05$，^. $P < 0.1$。

（3）态度确定性在顾客口碑价值形成过程中的影响检验

采用层次回归分析法（Baron-Kenny法）检验态度确定性在顾客口碑价值形成过程中的影响。首先，检验自变量WOM对中介变量的作用。如表3-6所示，由回归结果得知，WOM对态度清晰性ACO（β=0.436，$P<0.01$）和态度正确性ACL（β=0.512，$P<0.01$）均具有显著积极影响，且态度清晰性ACO对态度正确性ACL（β=0.526，$P<0.01$）具有积极影响。

表3-6 态度清晰性对态度正确性的影响

因变量 模型	ACO	ACL	
	M1	M2	M3
(Constant)	2.197**	1.678**	0.521**
WOM	0.436**	0.512**	0.282**
ACO			0.526**
R^2	0.157**	0.199**	0.415**
$\triangle R^2$			0.216**

注：**. $P < 0.01$，*. $P < 0.05$。

然后，在控制口碑推荐行为分布特征（每周讨论频率、每周讨论人数）和人口统计特征（年龄、教育程度和性别）的影响的条件下，进行层次回归分析发现，由表3-7得知，WOM对CRV_2（β=0.510，$P<0.01$）具有积极影响，并且，在加入ACO（β=0.231，$P<0.01$；$\triangle R^2$=0.039，$P<0.01$）和ACL（β=0.515，$P<0.01$；$\triangle R^2$=0.144，$P<0.01$）后，WOM的系数显著变小，且在加入ACL后，ACO对CRV的作用变得不显著（β= -0.039，$P>0.1$）。这说明，顾客推荐行为能够通过强化顾客的态度确定性，进而增长顾客口碑价值，并且，态度清晰性对顾客口碑价值形成的影响，完全通过态度正确性起作用。这一分析结果支持了假设H3.3。

表3-7 态度确定性在CRV形成过程中的影响

因变量 自变量	CRV_2			
	M0	M1	M2	M3
(Constant)	2.953**	1.599**	1.157*	0.840**
frequence	0.091*	0.039	0.033	0.042
PerT	0.064	0.015	0.012	-0.011
age	0.045	0.005	-0.006	-0.043
EduD	-0.058	-0.048	-0.062*	-0.035
Gender	-0.099	-0.177**	-0.172**	-0.123**

自变量 \ 因变量	CRV$_2$			
	M0	M1	M2	M3
WOM		0.510**	0.411**	0.270**
ACO			0.231**	-0.039
ACL				0.515**
R^2	0.038**	0.212**	0.251**	0.395**
△R^2		0.173**	0.039**	0.144**

注：**. $P < 0.01$，*. $P < 0.05$。

价值共创模式下的顾客赢利性测量与管理

3.4 结果讨论与管理启发

3.4.1 实证结果讨论

本章从社会影响视角，探究顾客推荐行为对被推荐者和推荐者的不同影响机制，进而揭示顾客口碑价值的形成机制。实证研究结果表明，顾客口碑推荐行为对溢价能力、购买额增长、获得成本降低和保留成本降低等顾客口碑价值组成成分均具有显著的积极作用。并且，顾客口碑推荐行为对被推荐者和推荐者具有不同的作用机制。这两种不同作用机制产生了不同类型的顾客口碑价值，即CRV_1（由被推荐者产生）和CRV_2（由推荐者产生）。其中，CRV_1以顾客购买额增长、顾客获得成本降低、顾客保留成本降低和企业溢价能力等4种价值形式为其测量指标；CRV_2以顾客购买额增长、顾客保留成本降低和企业溢价能力等3种价值形式为其测量指标。

假设H3.2得到支持则说明：CRV_1的形成过程会受到顾客的社会关系广度和社会影响力的交互调节作用。而对于推荐者自身的作用机制，假设H3.3得到支持则表明：口碑推荐行为对强化推荐者的态度清晰性，进而强化其态度正确性，从而促使CRV_2的形成。这些研究结论表明，顾客口碑推荐行为不仅仅给企业带来营销成本的节约，它还能够创造显性收益（购买额增长）；顾客口碑推荐行为也不是只对被推荐者产生作用，对推荐者自身也能够产生积极影响，这也更清晰地解释了Kumar等（2010）所发现的"两次撞大运"的效果。

3.4.2 管理启发

根据实证研究结果及上文的讨论，可以得到以下企业管理启发：

第一，顾客口碑价值是衡量顾客质量的重要指标之一，其价值来源包括被推荐者和推荐者。因此，在顾客管理实践中，应当全面认识顾客口碑价值的内涵，并运用更正确的计量模型来测量顾客口碑价值，以求更准确地评价顾客，并对顾客进行合理的管理，从而更好地配置企业营销资源。

第二，顾客口碑价值的形成受到推荐者的社会影响力和社会关系广度的交互调节作用。因此，企业必须创建便利、甚至是具有吸引力的顾客交流平台，以充分发挥意见领袖的口碑推荐作用，从而获取更多的顾客口碑价值。

第三，实证研究表明，主动性的顾客口碑推荐能够促使推荐者强化其态度确定性，从而为企业创造更多的利益。据社会影响的相关理论得知，推荐者强化其态度确定性是由于其对先验行为（口碑推荐）进行特质归因。因此，企业在顾客口碑管理实践中，应当努力诱导顾客对其口碑推荐行为进行特质归因，以获取第二种类型的顾客口碑价值。也就是说，企业在实施顾客推荐计划时，必须以强化顾客信任为导向，让顾客感到企业是尽心尽力保护顾客的利益，从而诱发口碑推荐行为。

3.5 本章小结

　　本章从社会影响视角，探究顾客推荐行为对被推荐者和推荐者的不同影响机制，进而揭示顾客口碑价值的形成机制。实证结果表明，顾客口碑价值产生于被推荐者（CRV_1）与推荐者本身（CRV_2），其价值表现为顾客购买额增长、顾客获得成本降低、顾客保留成本降低和企业溢价能力等4种形式。这些价值最终将体现在利润贡献上，而其实现都必须以被推荐者和推荐者实现购买为前提，且CRV形成过程要受到推荐者社会影响的制约，即受到推荐者的社会影响力、社会关系广度和自身态度调节（自我影响）等因素的影响。这些实证结论为优化CRV模型提供了理论依据，为后续的CLV优化研究奠定了基础。

第四章
顾客创新价值之形成机理：基于计划行为论

      顾客创新实质上是一种通过引导顾客参与产品创新，以更直接了解顾客需求信息，进而实现渐进式创新的体验营销行为。这一种体验营销行为已经引起了实业界和学术界的极大关注，然而，关于顾客创新的研究还远未成熟，当前对顾客创新对顾客赢利性的内在影响机制尚未能得到充分的理解和诠释。为此，本章从计划行为论视角，推导出顾客创新价值形成机理的概念模型，并提出相应研究假设；采用问卷调查法，对QQ空间、QQ秀、QQ农牧场、淘宝网个性化定制、腾讯拍拍网"定制商品"、飞信空间、十字绣、"DIY"成衣定制、"DIY"饰品设计及"DIY"礼品设计等10个商家的顾客开展为期3个月的现场调查，最终收集到926份有效样本数据，以检验研究假设，并由此揭示顾客创新价值的形成机理，以期为进一步建构顾客创新价值计量模型奠定理论基础；最后，根据研究结论，提出若干管理建议。

4.1 计划行为过程视角下顾客创新价值的形成过程

在计划行为理论中，"对行为的态度"是指个体对所讨论行为的喜好评价程度。"主观规范"是指对执行或不执行行为的感知社会压力。"感知行为控制"是指人们对所感兴趣的行为表现的难易程度的感知。这三个因素决定了行为意向的形成。相应地，在顾客创新情境中，"对行为的态度"是指顾客对自身参与创造产品的态度，体现为顾客对参与创新和拥有个性化产品的需求强度，即顾客的独特性需求。"主观规范"则体现为顾客对企业是否允许或支持的感知，这表征为顾客对企业激励（包括物质激励与精神激励两个方面）程度的感知。而"感知行为控制"则体现为顾客将自身才能应用到产品创新中的信心，也称为自我效能（Brown，Jones，Leigh，2005；Kim，Kankanhalli，2009；Fu，Richards，Hughes，et al.，2010）。根据计划行为理论的思想，顾客的独特性需求、自我效能和企业激励三方面因素决定了顾客创新行为意向。也即是说，这3个因素决定了顾客在"用户信息共享""顾客参与行为"和"顾客创造力投入"3个方面的行为意向。并且，在特定的情境作用下，顾客创新行为意向最终形成顾客创新行为结果——顾客创新价值。

从测量的角度思考，顾客创新价值最终是以增加CLV的形式来实现的。更直观的表现是顾客对企业的支付增加了。那么，不难得知，影响这一行为结果的首要因素是：企业对顾客创意的理解能力及将其转化为产成品的技术能力。本研究将其定义为创意转化能力，它包括企业对顾客创新的认知与管理能力和技术支持两个方面。再而，根据消费者行为学中的尝试理论，顾客行为实现效果会受到行为环境和人为因素的影响。因此，顾客增加支付这一行为结果可能还会受到当时市场竞争状态（即环境动荡性）的影响。由此，构建顾客创新价值的形成机理的概念模型，如图4-1所示。

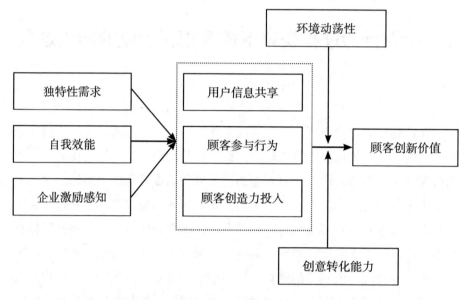

图4-1 顾客创新价值的形成机理概念模型

4.2 研究假设

4.2.1 顾客创新行为的价值形式

根据本研究对顾客创新价值的定义，从经济学角度，顾客创新价值表现为显性收益（顾客购买额的增加）和隐性收益（顾客成本的下降）两种形式。顾客创新实质上是一种通过引导顾客参与产品创新，以更直接了解顾客需求信息，进而实现渐进式创新的体验营销行为。因此，顾客创新行为可能诱发当事人作出相应的积极反应——进行购买，从而提高了顾客对企业的购买额。

其次，从成本产生的原因看，顾客成本涉及了以下3个方面：一是企业为吸引顾客而花费的营销费用，即顾客获得成本；二是企业为保留顾客而花费的营销和管理成本，即顾客保留成本；三是顾客购买过程中砍价能力所产生的购买成本。容易理解，当顾客的价格灵敏度较高或砍价能力较强时，企业的溢价能力相对减弱，溢价所带来的附加值也相对较少。由此，可以归纳得出，顾客创新价值主要反映为顾客购买额增长、顾客成本降低和溢价能力增强等3个方面。这3类价值形式具有清晰的含义，并且能够全面地覆盖顾客创新价值的内涵。从其定义看，顾客购买额增长、顾客成本节约和溢价能力这3个构念具有较好的区分度。因此，可以提出如下假设：

H4.1：顾客创新价值具有以顾客购买额增长、顾客成本节约和溢价能力等3种价值形式为其测量指标的高阶结构。

4.2.2 顾客创新行为的动因

（1）独特性需求对顾客创新行为的影响

如前所述，独特性需求是指顾客对自身参与创造产品的态度，体现为顾客对参与创新和拥有个性化产品的需求强度。顾客创新行为是指顾客参与企业的产品创新活动，表现为用户信息共享、顾客参与行为和顾客创造力投入等3种顾客行为意向或行为过程。根据Petrocelli等（2007）的研究结果得知，态度强度（清晰度和正确性）越大，态度—行为一致性越高。由此可以推理，顾客越是认可参与创新对自身是有利的，或是参与创新能够有效满足其欲望的，其对参与创新的独特性需求越大，那么将越积极投入自身的创造力，为企业的产品创新活动出谋划策，主动交流有关产品创新的信息。由此可以推断：

H4.2：独特性需求对顾客创新行为具有积极影响。

（2）自我效能对顾客创新行为的影响

自我效能是指个人将自身才能应用到新的情景中的信心（Brown，et al.，2005；Kim，et al.，2009；Fu，et al.，2010）。根据自我决定理论可知，个体具有自主感需求、胜任感需求和归属感需求。由此可以推断，自我效能越高，顾客将越积极参与企业的创新活动，反之亦然。故可推导出如下假设：

H4.3：自我效能对顾客创新行为具有积极影响。

（3）企业激励感知对顾客创新行为的影响

顾客创新是在互动行为环境下的顾客行为，由顾客创新动因研究述评得知，获取收益是顾客参与创新的根本动机（王永贵等，2011）。由此可以推导，企业激励对促进顾客创新行为具有重要作用。据此，可以推断：

H4.4：企业激励感知对顾客创新行为具有积极影响。

4.2.3 顾客创新行为转化成顾客创新价值的过程机制

（1）企业创意转化能力的调节作用

顾客创新价值的实现是以顾客最终购买为表征。根据期望理论可以推理，如果企业不能将顾客的创意或所提出的改进要求转化为产品/服务，那么可能会导致顾客因没有实现预期效果而对企业产生失望感或不满，从而停止后续的购买行为，由此中断了顾客创新价值的实现。反之，如果企业能够充分满足顾客的期望，则将会大大受到鼓舞，从而提高对企业的满意度和信任，进而产生对企业的互惠行为。据此，可以推断：

H4.5：顾客创新行为转化成顾客创新价值会受到企业的创意转化能力的调节作用，企业的创意转化能力越强，越有利于实现顾客创新价值。

（2）环境动荡性的调节作用

顾客创新实质上是一种通过引导顾客参与产品创新，以更直接了解顾客需求信息，进而实现渐进式创新的体验营销行为。在变化、不稳定的环境中，企业先前储备的知识和能力可能会随着环境的变化而变得过时，原有的核心能力可能成为"核心刚性"（朱朝晖，2008）。因此，"渐进式创新"将制约着企业的发展，甚至使得企业失去竞争优势。此时，顾客创新的营销模式可能对顾客变得没有吸引力。陈锟等（2009）证明，环境动荡性对营销能力的绩效具有负向的调节作用。因此，有理由推断，环境动荡性越大，越不利于实现顾客创新价值，即可以建立如下假设：

H4.6：顾客创新行为转化成顾客创新价值会受到环境动荡性的调节作用，环境动荡性越大，越不利于实现顾客创新价值。

4.3 研究方法

4.3.1 样本数据与收集

根据上述研究假设，本次研究采用问卷调查法进行实证研究。由于个体消费者的购买行为更容易受到情境因素的影响，其购买决策的自由度更大，因此，本研究采用零售商店的个体消费者为调查对象。鉴于条件的限制，本研究于2013年1月至2013年3月对QQ空间、QQ秀、QQ农牧场、淘宝网个性化定制、腾讯拍拍网"定制商品"、飞信空间、十字绣、"DIY"成衣定制、"DIY"饰品设计和"DIY"礼品设计等10个商家的顾客开展为期3个月的现场调查。共发放1 500份问卷，最终回收926份有效问卷，有效回收率为61.7%。

4.3.2 量表设计与测量

本研究在文献研究基础上，设计了初步量表，然后，采用网上调查和实地调查两种方式，进行问卷预调查，并请被调查者标记出问卷中定义不清和表述费解的项目，以及对题项的表述提出修改意见。根据这些反馈意见对问卷进行修改，得到预调查问卷。第一次预调查共回收208份有效问卷，通过信效度分析以及对发现的问题和反馈意见的讨论，完成问卷第二次修改。第二次预调查共回收250份有效问卷，此次问卷的信效度达到了较好水平。各个测量指标的载荷均大于0.55，各个构念的CR均大于0.7，AVE值均大于0.5。并且，探索性因子分析和二阶验证性因子分析结果也表明了顾客创新价值具有良好的构念效度。由此，得到最终问卷（见表4-1）。各个构念的具体测量设计如下。

（1）顾客创新价值

如前所述，本研究采用溢价能力（PA）、购买额增长（MA）和顾客成本节约（RC）等3个维度测量顾客创新价值。根据本研究的定义，企业的溢价能力直接体现为顾客的价格灵敏度，是指顾客愿意支付更多的程度。Lichtenstein，Bloch和Black（1988）采用了3个题项来测量这一指标，其测量信度与效度都很好。Petrick（2005）采用Lichtenstein等的测量量表，也得到很好的测量信度与效度。并且，笔者在前期研究中，加入"我光顾这里时并不太考虑价格问题"这一题项后，其信效度更好（陈少霞，2010）。因此，本研究采用这4个测量题项对溢价能力进行测量。

本研究将购买额增长界定为：由顾客创新行为所引起的顾客购买额的增加。一般表现为：对所推荐的商店或产品花费更多金额，或购买数量增多，甚或是进行相关的交叉购买。根据该定义，本研究设计了3个题项测量购买额增长。

顾客成本节约是指顾客创新行为给企业带来的顾客获得成本和顾客保留成本的节约，表现为顾客创新为企业带来新的顾客或吸引更多顾客的主动购买。根据这一含义，本研究设计了5个题项测量顾客成本节约。

（2）顾客创新行为

如前所述，本研究采用顾客创造力投入（CC）、用户信息共享（IS）和顾客参与行为（PB）3个维度来测量顾客创新行为。根据本研究的定义，顾客创造力投入是指顾客对创造新奇认知内容的智力投入，根据Sternberg和Lubart（1999）的观点，创造力表现在新颖性和适当性两个方面。根据这一定义，本研究编写了5个题项来测量顾客创造力投入。

用户信息共享是指顾客在参与创新过程中，与其他顾客之间的信息交流行为，对交流的数量（表示消费者与消费者之间的互动频率和持续时间）、范围（表示不同时地与不同的个人或者群组进行信息交流的趋向）和模式（表示互动的不同方式，如在线交流、面对面交流等）这3个方面加以表述（Roy，Sivakumar，Wilkinson，2004；Wu，Fang，2010）。为此，本研究编写了5个题项对用户信息共享进行测量。

顾客参与行为是指顾客对企业的创新活动的行动介入程度，由信息分享、责任行为和人际互动3个子维度表述。本研究将其降维成一个维度，共有6个题项对顾客参与行为加以测量。

（3）企业激励感知

企业激励感知（EI）是指企业为鼓励顾客参与创新所进行的举措。根据双因素理论，分为物质激励与精神激励两个方面。据此，本研究共编写了5个题项来测量企业激励感知。

（4）独特性需求

独特性需求（CN）是指顾客的独特需求与需求强度（Shalley，Gilson，Blum，2009）。本研究借鉴徐岚（2007）所采用的量表（18个题项），将其降维成5个题项。

（5）自我效能

自我效能（SE）是指个人将自身才能应用到新的情景中的信心（Brown，et al.，2005；Kim，et al.，2009；Fu，et al.，2010）。本研究采用其量表，将其修改为5个题项。

（6）创意转化能力

据本研究的定义，创意转化能力（CT）是指企业对顾客创意的理解能力及将其转化为产成品的能力，包括了企业对顾客创新的认知与管理能力和技术支持两个方面。由此，本研究根据其定义，编写了5个题项来测量创意转化能力。

（7）环境动荡性

Kohli（1990）描述，环境动荡性（ET）是指顾客构成及其偏好以及竞争强度的变化。韩顺平等（2006）指出，Kohli（1990）所描述的环境动荡性实质上是市场动荡性，环境动荡性可从技术动荡性和市场动荡性两个角度进行剖析。其中，技术动荡性是指对技术环境的感知，是人们无法准确预测或完全理解技术环境的某个方面。陈锟等（2009）也是从技术动荡性和市场动荡性两个角度理解环境动荡性，并采用5个题项进行测量，而且，所开发的测量量表具有较高的信度和效度。为此，本研究也从技术和市场两个方面来反映环境动荡性，通过访谈、讨论，调整和修改后，得到4个测量题项。

表4-1 各构念信效度分析

构念	题项		载荷	CITC	标准化α	CR	AVE
独特性需求	CN1	我渴望得到具有个性化的产品	0.74	0.67	0.86	0.86	0.55
	CN2	我认为得到个性化的产品非常重要	0.75	0.68			
	CN3	我渴望参与具有挑战性和创造性的活动	0.73	0.66			
	CN4	我渴望展现自己的个性	0.75	0.69			
	CN5	我认为参与创新或设计，有助于我个人的成长和发展	0.72	0.66			
自我效能	SE1	根据我自身的知识、技能和能力，我能创造新的产品	0.71	0.62	0.84	0.84	0.51
	SE2	在没有其他人帮助的情况下，我能够设计出新的产品样式	0.73	0.66			
	SE3	我自己就能够很好地设计出我喜欢的产品样式	0.77	0.69			
	SE4	我相信自己能够创造性地解决问题	0.69	0.63			
	SE5	我觉得自己擅长于产生原创性想法	0.69	0.62			
企业激励感知	EI1	如果我参与该企业的创新活动，企业会给予我一些奖励或优惠	0.72	0.67	0.87	0.87	0.57
	EI2	如果我设计出来的产品很受市场的欢迎，该企业会给予我一定的报酬或奖励	0.75	0.71			

构念		题项	载荷	CITC	标准化α	CR	AVE
企业激励感知	EI3	该企业会为我提供良好的设备，让我设计想象中的理想产品样式	0.76	0.70	0.87	0.87	0.57
	EI4	该企业对我的新构思会表示兴趣、赞赏和认可	0.77	0.69			
	EI5	如果我设计出来的产品很受市场欢迎，该企业会让我参与更多具有挑战性的创新或设计活动	0.76	0.69			
顾客创造力投入	CC1	我所提出的新构思，改进了原有的产品或服务	0.64	0.58	0.85	0.85	0.53
	CC2	很多人认为我提出的新构思是新颖的	0.73	0.68			
	CC3	很多人认为我提出的新构思很实用	0.75	0.69			
	CC4	我所提出的新构思，能够很有效地改进原有产品或服务的功能	0.77	0.68			
	CC5	我所提出的新构思，很受大众欢迎	0.75	0.67			
用户信息共享	IS1	我会经常和其他用户讨论，关于新型产品或服务功能的设计问题	0.67	0.60	0.85	0.85	0.54
	IS2	我会积极扩大社区的影响力，吸引更多用户参与设计新型产品或服务功能的讨论	0.73	0.68			
	IS3	我会积极参与到其他相关的讨论社区，和其他用户讨论产品或服务的改进问题	0.78	0.72			
	IS4	我会主动邀请其他用户一起设计新型产品或服务功能	0.75	0.67			
	IS5	我会采用多种途径（网络、面对面和电话等）向其他用户推荐自己设计的新型产品	0.74	0.66			

构念	题项		载荷	CITC	标准化α	CR	AVE
顾客参与行为	PB1	我会积极参与该企业的"客户意见调查",并向它提供自己的需求信息	0.65	0.60	0.87	0.87	0.53
	PB2	我会向该企业提出新产品或服务的构思	0.74	0.69			
	PB3	我在使用产品或服务过程中,会及时向提供商反馈问题,并提出改进的方法	0.73	0.69			
	PB4	我会积极参加新的体验服务,并向该企业提供改进服务建议	0.75	0.70			
	PB5	我会积极设计改进产品或服务的方案或思路	0.73	0.66			
	PB6	我会积极与该企业探讨新构思实施的可能性	0.76	0.68			
创意转化能力	CT1	该企业对我的建议能及时做出反馈	0.74	0.67	0.87	0.87	0.57
	CT2	该企业会完全采纳我的新构思	0.71	0.66			
	CT3	该企业会为满足我的要求做出相应努力	0.79	0.73			
	CT4	该企业能够很好地理解我提出的新构思	0.75	0.68			
	CT5	该企业能够按照我的新构思,生产出我理想中的产成品	0.78	0.71			
环境动荡性	ET1	市场上有许多与这里类似的商家	0.79	0.66	0.78	0.79	0.49
	ET2	有许多其他企业也会提供类似的产品和服务	0.80	0.67			
	ET3	我会经常去其他类似的商店消费	0.55	0.49			
	ET4	市场上不断出现这种产品或服务的新款式	0.61	0.53			

构念		题项	载荷	CITC	标准化α	CR	AVE
溢价能力	PR1	由于能够拥有个性化的产品，所以我很愿意支付高一点的价格	0.52	0.40	0.68	0.69	0.37
	PR2	这里的价格比市场上的同类产品要高，但我依然会频繁地光顾这里	0.51	0.43			
	PR3	我光顾这里时并不太考虑价格问题	0.62	0.47			
	PR4	我在这里主要是想买到个性化的产品，价格高一些不重要	0.74	0.54			
购买额增长	MA1	因为在这里能够买到个性化产品，所以我在这里的购买额比以前要多	0.68	0.51	0.74	0.73	0.48
	MA2	因为在这里能够自己设计产品，所以我会在这里购买的产品类型也增多了	0.69	0.60			
	MA3	因为在这里能够自己设计产品，所以我会在这里购买更多的产品	0.70	0.60			
顾客成本节约	RC1	因为这里提供参与创新活动，所以不需要企业向我推销，我也会积极购买它的产品	0.57	0.47	0.73	0.74	0.36
	RC2	因为这里提供参与创新活动，所以我更喜欢购买这里的产品	0.67	0.57			
	RC3	因为这里提供参与创新活动，所以我会向更多人推荐这里的产品	0.61	0.53			
	RC4	自从参与了创新活动后，我更主动与这个企业交流信息，并购买产品	0.56	0.46			
	RC5	自从参与了创新活动后，我更多时候是在这里购买所需要的产品	0.57	0.44			

构念	题项	载荷	CITC	标准化α	CR	AVE
顾客创新价值（二阶）	PR	0.60	0.55			
	MA	0.89	0.46	0.70	0.82	0.61
	RC	0.82	0.54			

4.3.3 信度与效度分析

（1）信度分析

如表4-1所示，各构念的α值均大于0.68，CR值均大于0.69，且测量变量的项目层面相关系数（CITC）都大于0.35，这说明这些变量具有较好的内部一致性，所获取的数据符合可靠性要求，即说明量表具有较好的信度。

（2）CIV的效度分析

在SPSS中将总样本随机分成两个子样本（462个和464个）。对其中的一个子样本（462个）进行探索性因子分析得知（如表4-2所示），KMO值=0.851>0.5，方差贡献率=54.801%>50%，各因子载荷均大于0.56，且因子旋转得到的各因子结构与理论推理相一致；再采用由随机分成的另一个子样本进行验证性因子分析，由一阶验证性因子分析得到，各因子载荷均处于0.51～0.74，且拟合度也较为理想（$\chi^2/\mathrm{d}f$=2.12，RMSEA=0.049，SRMR=0.045，GFI=0.96，AGFI=0.94，NNFI=0.97，CFI=0.98）。并且，其二阶因子分析结果中，CIV的3个二阶因子的载荷均大于0.60，拟合度较为理想（$\chi^2/\mathrm{d}f$=2.12，RMSEA=0.049，SRMR=0.045，GFI=0.96，AGFI=0.94，NNFI=0.97，CFI=0.98）。由此说明，CIV的测量量表具有较好的结构效度。

表4-2 顾客创新价值的结构效度分析

构念	题项	1	2	3
溢价能力	PR1	0.560		
	PR2	0.656		
	PR3	0.780		
	PR4	0.667		
购买额增长	MA1		0.682	
	MA2		0.791	
	MA3		0.775	
顾客成本节约	RC1			0.644
	RC2			0.779
	RC3			0.745
	RC4			0.563
	RC5			0.568

KMO=0.851，方差贡献率=54.801%，N=462

如表4-1所示，由二阶因子分析结果得知，各高阶因子系数均大于0.60，且CIV的AVE值分别为0.61>0.5。由此可见，CIV量表具有较好的收敛效度。再而，如表4-3所示，CIV各个子维度的AVE值的平方根均大于其与其他变量的两两相关系数，这表明CIV各个子维度具有良好的区分效度。

（3）CC，IS，PB，CN，SE，EI，CT和ET的效度分析

如表4-1所示，由CFA结果得知，各构念的因子载荷均处于0.55～0.80，且除了ET的AVE值（等于0.49）略小于0.5外，其他构念的AVE值均大于0.50，所以，量表的收敛效度可以接受。同时，在区分效度检验中发现，构念的AVE值平方根均大于其与其他变量的两两相关系数，这说明构念CC，IS，PB，CN，SE，EI，CT和ET具有较好的区分效度（如表4-3所示）。

表4-3 各变量均值、标准差及相关系数分析

	Mean	SD	CN	SE	EI	CC	IS	PB	CT	ET	PR	MA	RC	CIV
CN	3.87	0.61	0.74											
SE	3.45	0.60	0.53	0.72										
EI	3.52	0.63	0.39	0.41	0.75									
CC	3.15	0.58	0.23	0.39	0.34	0.73								
IS	3.18	0.63	0.31	0.44	0.35	0.52	0.73							
PB	3.34	0.60	0.32	0.42	0.41	0.47	0.65	0.73						
CT	3.30	0.64	0.29	0.39	0.57	0.39	0.40	0.40	0.75					
ET	3.34	0.62	0.22	0.28	0.27	0.26	0.30	0.28	0.33	0.70				
PR	3.11	0.57	0.24	0.19	0.14	0.22	0.18	0.21	0.15	0.13	0.69			
MA	3.28	0.60	0.33	0.29	0.27	0.31	0.28	0.28	0.23	0.15	0.41	0.60		
RC	3.37	0.52	0.36	0.30	0.33	0.41	0.39	0.39	0.30	0.17	0.39	0.52	0.60	
CIV	3.25	0.45	0.39	0.33	0.31	0.39	0.35	0.36	0.28	0.19	0.76	0.82	0.78	0.78

注：对角线上数据为各构念的AVE值的平方根，下三角数据为各构念间的两两 Pearson相关系数，各构念相关系数显著性P均小于0.001（双尾检验）。

4.3.4 假设检验

（1）顾客创新价值的结构

由高阶因子分析（如图4-2所示）得知，CIV的3个二阶因子的载荷均大于0.60，且拟合度较为理想（χ^2 / df=2.12，RMSEA=0.049，SRMR=0.045，GFI=0.96，AGFI=0.94，NNFI=0.97，CFI=0.98），这一分析结果支持了假设H4.1。

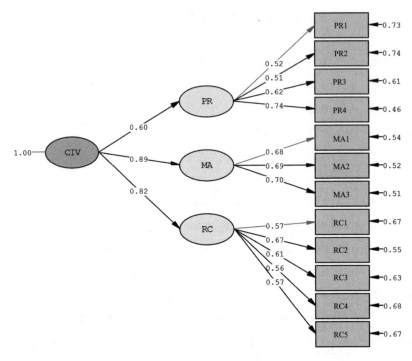

Chi-Square=108.18，df=51，P-value=0.00001，RMSEA=0.049

图4-2 CIV的高阶因子分析

（2）独特性需求对顾客创新价值形成的影响

采用层次回归分析法（Baron-Kenny法）检验独特性需求对顾客创新价值形成的影响，检验结果如表4-4所示。由表4-4可知，独特性需求受顾客创新行为中介而影响CIV，且会受到创意转化能力的调节作用，环境动荡性对CIV的形成没有显著调节作用。即支持假设H4.2和H4.5，拒绝假设H4.6。

表4-4 独特性需求对顾客创新价值形成的影响回归结果

	M1	M2	M3	M4	M5	M6	M7	M8
CN	0.338**	0.223**	0.259**	0.258**	0.375**	0.282**	0.267**	0.266**
CT	0.208**	0.411**	0.061^	0.065*				

	M1	M2	M3	M4	M5	M6	M7	M8
ET					0.108**	0.275**	0.002	-0.001
CIB			0.358**	0.365**			0.383**	0.382**
CT*CIB				0.062*				
ET*CIB								-0.024
R^2	0.198**	0.272**	0.291**	0.295**	0.170**	0.189**	0.289**	0.289**
$\triangle R^2$				0.004*				0.001

Model 2：CIB=CN*CT；Model 6: CIB=CN*ET；其他各模型Y=CIV

^P<0.1；*P<0.05；**P<0.01

（3）自我效能对顾客创新价值形成的影响

同理，检验自我效能对顾客创新价值形成的影响，分析结果如表4-5所示。由表4-5可知，自我效能受顾客创新行为中介而影响CIV，且会受到创意转化能力的调节作用，环境动荡性对CIV的形成没有显著调节作用。即支持假设H4.3和H4.5，拒绝假设H4.6。

表4-5 自我效能对顾客创新价值形成的影响回归结果

	M9	M10	M11	M12	M13	M14	M15	M16
SE	0.272**	0.372**	0.134**	0.133**	0.323**	0.441**	0.148**	0.149**
CT	0.198**	0.329**	0.076*	0.080*				
ET					0.098**	0.213**	0.014	0.008
CIB			0.371**	0.379**			0.396**	0.393**
CT*CIB				0.060*				
ET*CIB								-0.039
R^2	0.156**	0.343**	0.247**	0.250**	0.132**	0.293**	0.243**	0.244**
$\triangle R^2$				0.004*				0.001

Model 10：CIB=SE*CT；Model 14: CIB=SE*ET；其他各模型Y=CIV

^P<0.1；*P<0.05；**P<0.01

（4）企业激励感知对顾客创新价值形成的影响

同理，检验企业激励感知对顾客创新价值形成的影响，其分析结果如表4-6所示。由表4-6得知企业激励感知受顾客创新行为中介而影响CIV，且会受到创意转化能力的调节作用，环境动荡性对CIV的形成没有显著调节作用。即支持假设H4.4和H4.5，拒绝假设H4.6。

表4-6 企业激励感知对顾客创新价值形成的影响回归结果

	M17	M18	M19	M20	M21	M22	M23	M24
EI	0.239**	0.249**	0.141**	0.139**	0.307**	0.375**	0.156**	0.155**
CT	0.169**	0.333**	0.037	0.042				
ET					0.105**	0.234**	0.010	0.005
CIB			0.395**	0.403**			0.403**	0.401**
CT*CIB				0.061*				
ET*CIB								-0.034
R^2	0.132**	0.268**	0.246**	0.250**	0.123**	0.243**	0.246**	0.247**
$\triangle R^2$				0.004*				0.001

Model 18：CIB=EI*CT；Model 22: CIB=EI*ET；其他各模型Y=CIV

*$P<0.05$；**$P<0.01$

4.4 结果讨论与CIV管理优化

4.4.1 结果讨论

由数据分析结果得知，顾客创新价值具有以顾客购买额增长、顾客成本节约和溢价能力等3种价值形式为其测量指标的高阶结构（假设H4.1）；并且，独特性需求、自我效能和企业激励感知等因素均能够有效促进顾客创新行为（假设H4.2，H4.3，H4.4）；而顾客创新行为在转化成顾客创新价值过程中，则要受到企业的创意转化能力的影响（假设H4.5），但没有受到环境动荡性的影响（假设H4.6）。

因此，可以进一步推断，顾客创新价值的形成要受到企业所提供的创新平台服务水平、顾客态度和顾客信心的影响。在开放的市场中，无论市场竞争激烈程度如何，顾客参与企业的产品创新活动对企业赢利具有积极作用。

4.4.2 管理启发

根据本研究所得到的结果，可以得到以下若干管理启发：

第一，积极引导顾客参与产品创新活动。由研究结果得到，顾客创新对企业赢利具有积极作用。因此，企业应该积极引导顾客参与产品创新活动，以更好地创造利润。

第二，打造高服务水平的创新平台，包括为顾客创新提供便利条件，以及提高自身的创意理解能力和转化能力。也就是说，企业需要建立良好的激励机制，吸引顾客参与企业的产品创新活动，从而使得企业与顾客能够达到协同演进的状态，建立双赢的关系。再者，顾客创新价值的实现是以顾客最终购买为表征。如果企业不能将顾客的创意或所提出的改进要求转化为产品/服务，则会中断顾客创新价值的实现，由此无法实现预期的营销效果——增加收益。因此，在实施顾客参与创新的营销活动时，企业必须不断强化自身的服务能力，打造良好的互动平台，以提高企业的创新绩效。

第三，培育顾客参与创新的积极态度，提高顾客参与创新的信心。由实证研究结果得知，顾客创新价值的形成要受到顾客的独特性需要和自我效能的影响。因此，企业在实施顾客参与创新的营销活动过程中，需要不断培养顾客参与创新的信心，从而对创新产生积极态度。

第四，在计量顾客赢利性中，不能忽视顾客创新价值。随着商业模式逐渐演化成价值共创的思想，顾客参与企业的产品创新或改进活动将日益频繁。因此，忽略顾客创新价值将会导致对顾客定位的不准确，从而导致顾客关系管理策略的低效。为此，本研究建议企业运用较为精确的计量模型测量顾客创新价值，以求更准确地评价顾客，并对顾客进行合理的管理，从而更好地配置企业营销资源。

4.5 本章小结

综上所述，本章从计划行为论视角实证研究了顾客创新价值的形成机理。研究发现，顾客创新价值具有以顾客购买额增长、顾客成本节约和溢价能力等3种价值形式为其测量指标的高阶结构；独特性需求、自我效能和企业激励感知等因素均能够有效促进顾客创新行为；而顾客创新行为在转化成顾客创新价值过程中，则要受到企业的创意转化能力的影响，但没有受到环境动荡性的影响。由此实证结果可以归纳出：顾客创新价值形成过程中，要受到顾客自身心理因素和行为环境因素的共同影响。这一结论将为CIV建模提供理论依据，为后续的CLV优化研究奠定基础。

第五章
基于价值结构的顾客赢利性测量优化

本章针对第二章所发现的现有CLV模型在顾客关系管理中的缺陷和困难，根据第三章和第四章的实证研究结论，深入探讨现有价值、潜在价值、口碑价值和创新价值等4种价值成分的测量问题，以优化CLV模型。接着，探究所构建CLV模型的优越性及其函数性质。由函数性质分析得知，在顾客忠诚θ_i的定义域$[0, 1]$内，存在唯一最优点θ^*，使得CLV_i达到最大值；且θ^*和CLV_i要受到边际顾客创新价值K_i，顾客生命周期长度T，忠诚培养成本率b，实现购买率λ_i及意见领袖能力V_i等关键因素的影响，由此归纳得出5个命题，深度揭示了顾客忠诚与赢利性之间关系的变化规律。

5.1 CLV模型优化

5.1.1 前提假设条件

① 假设在单一产品市场中，也即是不考虑顾客的交叉购买情况。

② 假设个体顾客的购买过程为泊松过程（Schmittlein，Mornison，Colombo，1987；Gupta，Hanssens，Hardie，et al.，2004；Ho，et al.，2006），由泊松过程性质可知，顾客购买的间隔时间相互独立且服从同一指数分布。

③ 实现购买率 λ_i 与流失率 μ_i 相互独立（Gupta，et al.，2004；Schmittlein，et al.，1987）。

5.1.2 数学模型

根据定义可得，顾客 i 的CLV的概念式为：

$$CLV_i = DV_i + RV_i = （EV_i + PV_i）+（CRV_i + CIV_i）\qquad （5-1）$$

其中，CLV_i 表示顾客 i 的终身价值；DV_i 表示顾客 i 的显性价值；RV_i 表示顾客 i 的隐性价值；EV_i 表示顾客 i 的现有价值；PV_i 表示顾客 i 的潜在价值；CRV_i 表示顾客 i 的口碑价值；CIV_i 表示顾客 i 的创新价值。

（1）显性价值函数

由假设条件②得知，顾客 i 的生命周期 t 服从指数分布，且以流失率 μ_i 为变化率，即顾客 i 的生命周期 t 的概率密度函数为：

$$f_i(t) = \mu_i e^{-\mu_i t} \quad （t \geqslant 0）\qquad （5-2）$$

在观察时期 ［0，T］内，T 由顾客购买时间和流失时间两部分组成，即"T=购买时间+流失时间",则有"购买时间 / T= 1–流失时间 / T",也即为"保留率=1–流失率",所以,"顾客忠诚θ_i=1–流失率μ_i",其中,$0 \leq \theta_i \leq 1$。根据假设条件②和③,则可推算得到,顾客i在生命周期t内实现购买的次数期望值为:

$$E_i(n) = \frac{\lambda_i}{1-\theta_i}(1 - e^{-(1-\theta_i)T}) \qquad （5-3）$$

假设顾客 i 平均每次的消费金额为R_i,则顾客i的总消费期望为:

$$DR_i = \frac{R_i\lambda_i}{1-\theta_i}(1 - e^{-(1-\theta_i)T}) \qquad （5-4）$$

假设每个顾客的成本由顾客忠诚培养成本F_i和购买成本$C_i(n)$两部分组成。其中,顾客忠诚培养成本是指获得和维持顾客忠诚所消耗的成本,与顾客忠诚度 θ_i 有关;购买成本是指在交易过程所发生的成本,包括交易过程的服务成本和产品成本,与交易次数有关。据Chen和Xie的研究,在顾客忠诚建设中,一定水平范围 $[0, \theta']$ ($0 \leq \theta' \leq 1$) 内,顾客忠诚培养成本随 θ_i 的增大而平缓增长,但当大于阈值 θ' 时,培养成本将迅速上升。这是符合自由竞争市场的实际现象的。由这一变化现象可推出,顾客忠诚培养成本与顾客忠诚度的关系函数 $f(\theta_i, F_i)$ 具有单调非减凹函数性质。具有这一性质的函数有反比例函数、指数函数和对数函数等。为了讨论的简便,本书假设 $f(\theta_i, F_i)$ 呈反比例函数变化。由此,顾客忠诚培养成本函数如式子5-5所示。该式子表达了顾客忠诚培养成本 F_i 随着顾客忠诚度 θ_i 的增大而单调递增,而且顾客忠诚度 θ_i 越接近1,顾客忠诚培养成本 F_i 增长幅度越大。这一函数变化现象符合实际情况,因此,该假设具有合理性。

$$F_i = a + \frac{b}{1-\theta_i} \quad (a \geq 0, \ b \geq 0) \qquad （5-5）$$

其中,a 是指企业给予顾客 i 的最低忠诚培养成本,称为固定培养成本;b / $(1-\theta_i)$ 是指变动培养成本,与忠诚度大小有关;b是指每提高一个单位的忠诚度,顾客忠诚培养成本增大的速度,称为忠诚培养成本率。

又假定边际成本为恒量c,则顾客 i 的购买成本期望值为:

$$C_i(n) = \frac{c\lambda_i}{1-\theta_i}(1 - e^{-(1-\theta_i)T}) \qquad （5-6）$$

所以，顾客 i 的总成本函数为：

$$TC_i = a + \frac{b}{1-\theta_i} + \frac{c\lambda_i}{1-\theta_i}(1-e^{-(1-\theta_i)T}) \tag{5-7}$$

联立式子5-4和式子5-7，得到顾客 i 在生命周期 t 内的显性价值函数为：

$$DV_i = \frac{(R_i-c)\lambda_i}{1-\theta_i}(1-e^{-(1-\theta_i)T}) - \frac{b}{1-\theta_i} - a \tag{5-8}$$

（2）顾客口碑价值函数

本研究将顾客口碑推荐行为所产生的显性收益（顾客购买额的增加）和隐性收益（顾客成本的下降）之和定义为顾客口碑价值（CRV）。据第三章的实证研究可知，顾客口碑推荐行为对被推荐者和推荐者具有不同的作用机制，这两种不同作用机制产生了不同类型的顾客口碑价值，即CRV$_1$和CRV$_2$；并且，CRV形成过程要受到推荐者社会影响的制约，即受到推荐者的社会影响力、社会关系广度和自身态度调节（自我影响）等因素的影响。据Bass扩散模型，潜在使用者转变成实际使用者（即实现购买）要受到两个因素的影响：① 外部影响，即是指个体将会因受到推销员、广告、促销及其他营销努力的影响，而使用给定品牌产品的概率，记为 δ；② 内部影响，即是指在给定时期内，个体将受到来自社会网络中的已使用给定品牌产品的成员的互动的影响的概率，记为 q（Libai，Muller，Peres，2013）。容易推理，不同推荐者对某一潜在顾客（被推荐者）的社会影响力不同，因此，记推荐者 i 对被推荐者 y 的影响概率为 q_{iy}。并且，q_{iy} 的大小取决于顾客 i 的顾客忠诚 θ_i 和顾客 i 对被推荐者 y 的意见领袖能力 I_{iy} 两个因素，即有 $q_{iy} = \theta_i \cdot I_{iy}$。

根据Bass扩散模型假设，不同个体对被推荐者的影响是相互独立的（Ho，Li，Park，Shen，2012，Libai，et al.，2013），由此可以推理得到个体 y 在时点 t 上使用某给定品牌的概率为：

$$P_y(t) = 1 - (1-\delta)\prod_{m=1}^{M_t}(1-q_{my}) \tag{5-9}$$

其中，M_t 表示在时点 t 上个体 y 所在社会网络中已使用某给定品牌产品的人数。

那么，顾客 i 的推荐促使个体 y 在时点 t 上实现购买的概率为：

$$P\left[y\text{是}i\text{的被推荐者}|y\text{在时点}t\text{进行购买}\right]=\frac{q_{iy}}{1-\left(1-\delta\right)\prod\limits_{m=1}^{M_t}\left(1-q_{my}\right)}$$

（5-10）

假设顾客 i 所在的社会网络规模为 Y，则在时点 t 上由顾客 i 推荐而实现购买的人数为：

$$E\left[\text{在时点}t\text{由}i\text{推荐而实现购买的人数}\right]=\int_1^Y\frac{q_{iy}}{1-\left(1-\delta\right)\prod\limits_{m=1}^{M_t}\left(1-q_{my}\right)}\mathrm{d}y$$

（5-11）

由此，在时期 $[0，T]$ 内，由顾客 i 推荐而实现购买的总人数为：

$$E\left[\text{由}i\text{推荐而实现购买的总人数}\right]=\int_0^T\int_1^Y\frac{q_{iy}}{1-\left(1-\delta\right)\prod\limits_{m=1}^{M_t}\left(1-q_{my}\right)}\mathrm{d}y\mathrm{d}t$$

（5-12）

因此，可以推理得到顾客 i 在时期 $[0，T]$ 内所产生的 CRV_{i1} 为：

$$\mathrm{CRV}_{i1}=\int_0^T\int_1^Y\frac{q_{iy}\cdot Q_{ty}\cdot\left(P_{ty}-C_{ty}\right)}{1-\left(1-\delta\right)\prod\limits_{m=1}^{M_t}\left(1-q_{my}\right)}\mathrm{d}y\mathrm{d}t=\int_0^T\int_1^Y\frac{\theta_i\cdot I_{iy}\cdot\pi_{ty}}{1-\left(1-\delta\right)\prod\limits_{m=1}^{M_t}\left(1-q_{my}\right)}\mathrm{d}y\mathrm{d}t$$

（5-13）

其中，P_{ty} 表示在时点 t 上，被推荐者 y 能够接受的最大价格。C_{ty} 表示在时点 t 上，企业对被推荐者 y 所花费的总成本，包括两部分：一部分是在交易过程中所发生的成本，包括交易过程的直接服务成本和产品成本（即购买成本）；另一部分是获得和维持顾客忠诚所消耗的成本（即营销成本）。Q_{ty} 表示在 t 时点上被推荐者 y 的购买量。π_{ty} 表示在 t 时点上被推荐者 y 所产生的利润。

据扩散理论可以推论，口碑推荐对于推荐者自身的影响属于"内部影响"，实质上是顾客忠诚的表征，故 $q_{ii}=\theta_i$。同样的推理过程可得，顾客 i 在时期 $[0，T]$ 内所产生的 CRV_{i2} 为：

价值共创模式下的顾客赢利性测量与管理

$$CRV_{i2} = \int_0^T \frac{q_{ii} \cdot Q_{ti} \cdot (P_{ti} - C_{ti})}{1 - (1-\delta)\prod_{m=1}^{M_t}(1-q_{mi})} dt = \int_0^T \frac{\theta_i \cdot \pi_{ti}}{1 - (1-\delta)\prod_{m=1}^{M_t}(1-q_{mi})} dt$$

$$（5\text{-}14）$$

其中，P_{ti} 表示在时点 t 上，推荐者 i 能够接受的最大价格。C_{ti} 表示在时点 t 上，企业对推荐者 i 所花费的总成本（包括购买成本和营销成本）。Q_{ti} 表示在 t 时点上推荐者 i 的购买量。π_{ti} 表示在时点 t 上顾客 i 所产生的利润。

因此，联立式子5-13和5-14得到，顾客 i 在观察时期 $[0, T]$ 内所产生的CRV为：

$$CRV_i = CRV_{i1} + CRV_{i2} = \int_0^T\int_1^Y \frac{\theta_i \cdot I_{iy} \cdot \pi_{ty}}{1 - (1-\delta)\prod_{m=1}^{M_t}(1-q_{my})} dy dt + \int_0^T \frac{\theta_i \cdot \pi_{ti}}{1 - (1-\delta)\prod_{m=1}^{M_t}(1 \quad q_{mi})} dt$$

$$（5\text{-}15）$$

（3）顾客创新价值函数

顾客创新价值是指顾客参与产品开发活动，所创造的隐性利益。根据第四章的实证研究得知，顾客创新价值形成过程中，要受到顾客自身心理因素和行为环境因素的共同影响。本研究据此研究结果，尝试建构CIV的计量模型。因为创新效果往往以最终的项目收益反映出来。因此，个体顾客的创新价值的衡量则可从贡献率角度进行思考，也即是通过测量个体顾客对某一创新项目收益的贡献率，进而估算顾客创新价值。

显然，顾客的贡献率受到顾客自身心理因素的影响。由实证结果可进一步推断，影响顾客创新价值的心理因素可归纳为顾客创造力和参与创新的积极性，而顾客参与创新的积极性则可反映为顾客忠诚，故顾客创新价值可表达为：

$$CIV_i = \sum_{j=1}^{J} p_{ij} v_j = \sum_{j=1}^{J} (\theta_i \cdot Cr_{ij}) \cdot v_j \qquad （5\text{-}16）$$

J 表示 T 时刻以前企业的产品创新项目数量；p_{ij} 表示顾客 i 对产品创新项目 j 的贡献率；Cr_{ij} 表示顾客 i 在创新项目 j 中所体现的创造力；v_j 表示产品创新项目 j 的收益。

（4）顾客终身价值函数

把式子5-8、5-15、5-16代入式子5-1，得到：

$$CLV_i = \frac{(R_i-c)\lambda_i}{1-\theta_i}(1-e^{-(1-\theta_i)T}) - \frac{b}{1-\theta_i} - a + \int_0^T\int_1^Y \frac{\theta_i \cdot I_{iy} \cdot \pi_{ty}}{1-(1-\delta)\prod\limits_{m=1}^{M_t}(1-q_{my})}\mathrm{d}y\mathrm{d}t$$

$$+\int_0^T \frac{\theta_i \cdot \pi_{ti}}{1-(1-\delta)\prod\limits_{m=1}^{M_t}(1-q_{mi})}\mathrm{d}t + \sum_{j=1}^J(\theta_i \cdot Cr_{ij})\cdot v_j$$

（5-17）

显然，CRV中的 $\int_0^T \dfrac{\theta_i \cdot \pi_{ti}}{1-(1-\delta)\prod\limits_{m=1}^{M_t}(1-q_{mi})}\mathrm{d}t$ 与DV$_i$存在重复，因此，修正

式子5-17，得到：

$$CLV_i = \frac{(R_i-c)\lambda_i}{1-\theta_i}(1-e^{-(1-\theta_i)T}) - \frac{b}{1-\theta_i} - a + \int_0^T\int_1^Y \frac{\theta_i \cdot I_{iy} \cdot \pi_{ty}}{1-(1-\delta)\prod\limits_{m=1}^{M_t}(1-q_{my})}\mathrm{d}y\mathrm{d}t$$

$$+\sum_{j=1}^J(\theta_i \cdot Cr_{ij})\cdot v_j$$

（5-18）

据社会比较机制，被影响者与影响者具有相似的社会行为特征
（Leenders，2002），由此可以将DV$_i$作为DV$_y$的近似计算。故可进一步简
化式子5-18，得到：

$$CLV_i = (1+V_i\theta_i)\left[\frac{(R_i-c)\lambda_i}{1-\theta_i}(1-e^{-(1-\theta_i)T}) - \frac{b}{1-\theta_i} - a\right] + K_i\theta_i \quad （5-19）$$

其中，$V_i = \int_0^T\int_1^Y \dfrac{I_{iy}}{1-(1-\delta)\prod\limits_{m=1}^{M_t}(1-q_{my})}\mathrm{d}y\mathrm{d}t$，$K_i = \sum\limits_{j=1}^J(v_j \cdot Cr_{ij})$。

5.2 模型的优越性及其函数性质分析

5.2.1 模型优越性分析

如式5-19所示，相比较现有的CLV模型，本研究所构建的CLV增加了 b，V_i，K_i 等3个参数的考虑，其优越性主要体现在以下几个方面：

第一，考虑了忠诚培养成本随顾客忠诚 θ_i 的变化而变化的情况，设定存在忠诚培养成本率 b（$b>0$），这一假设更加切合实际情况，有助于企业高估顾客赢利性，过分追求高顾客忠诚度。

第二，本研究根据CRV的价值形成机理建构CRV的测量模型，充分考虑了企业营销努力（即参数 δ）和多个推荐来源（即参数 q_{my}）的影响情况，这一建模思路更符合事实。本研究还采用成功推荐对创造利润的贡献的计算思路，能够更简单而全面地表达各种形式的价值和各类顾客行为情况，比如，Kumar等所划分的只有通过口碑推荐才会发生购买的顾客（N1）与未来一定会进行购买的顾客（N2），同时克服了过去采用平均利润进行估算的缺陷（Ho, et al.）。因此，所构建的CRV模型能够更好地表达CRV的内涵，减少对顾客赢利性的低估。将顾客意见领袖能力 V_i 引入顾客赢利性的测量中，有利于协助企业结合顾客特质实施个性化管理。

并且，所构建的CRV模型（式5-15）是计量单一顾客的整个生命周期内的CRV，是一个关于时间的连续函数。因此，可用于预测未来某一时期 $[T_1, T_2]$（$0<T_1<T_2$）的顾客口碑价值。并且，所构建模型清晰地反映了口碑推荐成功程度和顾客质量两个重要信息：一是顾客 i 在生命周期内成功

推荐的总人数（反映口碑推荐成功程度）$\displaystyle\int_0^T\int_1^Y\frac{\theta_i \cdot I_{iy}}{1-(1-\delta)\prod_{m=1}^{M_t}(1-q_{my})}\mathrm{d}y\mathrm{d}t$ ；二是

在时点 t 上顾客 j 所创造的利润（反映顾客质量）$\pi_{ty}=Q_{tj}\cdot(P_{tj}-C_{tj})$，其中，

$j \in \{i \cup Y\}$。根据这两个指标，企业可以判断及确定对哪些顾客实行口碑推荐奖励、奖励多少及何时奖励，从而有效地提高企业的顾客推荐计划管理绩效。

第三，顾客创新价值的考虑符合当前营销的价值共创发展趋势，本研究从个体顾客对某一创新项目收益的贡献率角度探究CIV的建构问题，并根据前期实证研究结果——影响顾客创新价值的心理因素可归纳为顾客创造力和参与创新的积极性，推导出边际顾客创新价值K_i。加入这一参数，有助于企业减少低估价值共创背景下的顾客赢利性，同时，这一参数也是衡量顾客，识别顾客特质，进而实施个性化管理与决定顾客管理策略——价值共创战略的重要指标之一。

综上所述，由理论分析可知，加入这3个参数有助于提高CLV的精确性。并且，本研究将顾客忠诚 θ_i 这一变量引入CLV模型，还可进一步探究顾客忠诚与CLV的变化规律，从而为顾客忠诚的优化管理提供依据。为此，下面将继续分析顾客忠诚与CLV的变化规律，并通过仿真模拟，验证参数b，V_i，K_i对提高CLV精确性的优越性。

5.2.2 顾客忠诚与赢利性的关系变化特征

（1）CLV模型的函数性质

对式子5-19求 θ_i 的导函数，得到：

$$\frac{\mathrm{dCLV}_i}{\mathrm{d}\theta_i} = \frac{\left\{(1+V_i)\left[\lambda_i(R_i-c)-b\right]+(1-\theta_i)^2(K_i-aV_i)-\lambda_i(R_i-c)e^{-(1-\theta_i)T}\left[1+V_i+(1+V_i\theta_i)T(1-\theta_i)\right]\right\}}{(1-\theta_i)^2}$$

$$= \frac{f(\theta_i)}{(1-\theta_i)^2}$$

分析导函数的性质（推导过程见附录）得到，存在点θ_i^*，使得当$\theta_i<\theta_i^*$时，$f'(\theta_i)>0$，$f(\theta_i)$单调递增，$\mathrm{CLV}_i(\theta_i)$为凹函数；当$\theta_i>\theta_i^*$时，$f'(\theta_i)<0$，$f(\theta_i)$单调递减，$\mathrm{CLV}_i(\theta_i)$为凸函数。并且，当 $K_i < \dfrac{aV_i+\lambda_iT(R_i-c)(2V_i+T)e^{-T}}{2}$ 时，$f(\theta_i)$在定义域上存在两个零点θ_{i1}和θ_{i2}（$\theta_{i1}<\theta_{i2}$），且θ_{i2}为$\mathrm{CLV}_i(\theta_i)$

的最大极值点 θ^*。当 $K_i > \dfrac{aV_i + \lambda_i T(R_i - c)(2V_i + T)e^{-T}}{2}$ 时，$f(\theta_i)$ 在定义域上存在唯一零点，为 $CLV_i(\theta_i)$ 的最大极值点 θ^*。显然，在其他条件不变的情况下，K_i 越大，θ^* 和 CLV_i 越大。取 $V_i=0.1$，$\lambda_i=0.5$，$R=2\,000$，$C=1\,000$，$b=100$，$a=0$，$T=1$，Matlab7.0.1的仿真结果（如图5-1所示）与这一结论一致，故可推得命题5.1。由图5-1可以判断，当 $K_i>0$ 时，忽略这一价值成分将会导致低估顾客赢利性，由此验证了5.2.1中的第三个优越性。

命题5.1：在顾客忠诚 θ_i 的定义域 $[0,1]$ 内，存在唯一最优点 θ^* 使得 CLV_i 达到最大值，当且仅当忠诚培养成本率 b 等于0时，$\theta^*=1$。且在其他条件不变的情况下，K_i 越大，θ^* 和 CLV_i 越大。

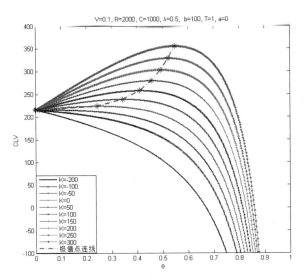

图5-1 边际创新价值 K_i 对 θ^* 和 CLV_i 的影响

再而，由所构建的CLV模型可判断，θ^* 和 CLV_i 除了受到 K_i 的影响外，还要受到 T，b，λ_i，V_i 等关键因素的制约。为此，继续深入探究这些因素对最优顾客忠诚度和CLV的影响，从而深入揭示顾客忠诚与赢利性之间关系的变化规律，并为顾客忠诚管理优化提供理论依据。

（2）顾客生命周期长度对最优顾客忠诚度和CLV的影响

分析θ^*和CLV_i关于T的导函数可得，$dCLV_i/dT>0$，$d^2CLV_i/dT^2<0$，$d\theta^*/dT>0$，$d^2\theta^*/dT^2<0$，即θ^*和CLV_i都是关于T的单调递增凹函数，这说明随着顾客生命周期长度的增大，θ^*和CLV_i增大。又$d^2CLV_i/dTd\theta_i>0$，即说明T对CLV_i的影响强度将随着θ_i的增大而增强。取V_i=0.1，λ_i=0.5，R=2 000，C=1 000，b=100，a=0，K_i=200，运用Matlab7.0.1进行模拟运算得到，在$T\in[1，100]$区间内，CLV_i在定义域上的函数曲线（如图5-2所示）的分布特征与数学推理结果一致。故可得出以下研究结论：

命题5.2：在其他条件不变的情况下，随着顾客生命周期长度T的增大，阈值θ^*和CLV_i递增，且顾客忠诚对赢利起积极作用的区间范围和强度增大。

价值共创模式下的顾客赢利性测量与管理

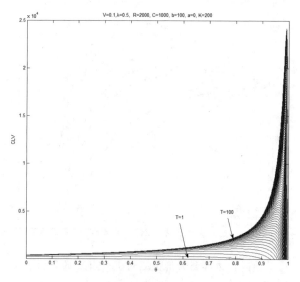

图5-2 顾客生命周期长度T对θ^*和CLV_i的影响

（3）忠诚培养成本率对最优顾客忠诚度和CLV的影响

分析θ^*和CLV_i关于b的导函数，容易得到，θ^*和CLV_i是关于b的单调递减函数。并且，$d^2CLV_i/dbd\theta_i=-(1+V_i)/(1-\theta_i)^2<0$，这说明了随着忠诚培养成本率的增大，顾客忠诚对赢利起积极作用的区间范围减小。取V_i=0.1，λ_i=0.1，R=2 000，C=1 000，T=1，a=0，K_i=100，比较当b分别等

于0、1、10、50、100、200时，θ^*和CLV_i的变化情况，模拟结果与推理一致（如图5-3所示），由此可得出命题5.3。同时，根据极值点的分布特征可以判断，当忽略忠诚培养成本的变动情况时（即$b=0$），会导致企业高估θ^*和CLV_i，从而造成决策错误。这一仿真结果验证了5.2.1中的第一个优越性。

命题5.3：当其他条件不变时，随着顾客的忠诚培养成本率b的增大，阈值θ^*和CLV_i递减，且顾客忠诚对赢利起积极作用的区间范围变小。

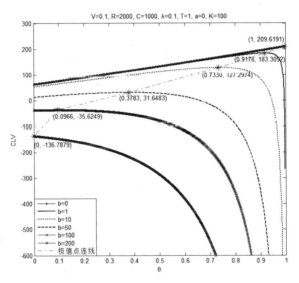

图5-3 θ^*和CLV_i随忠诚培养成本率b的变化情况

（4）实现购买率对最优顾客忠诚度和CLV的影响

同理，分析θ^*和CLV_i关于顾客实现购买率λ_i的导函数，容易得知，θ^*和CLV_i是关于λ_i的单调递增函数，且有$d^2CLV_i/d\lambda_i d\theta_i=(1+V_i)(R_i-c)/(1-\theta_i)^2$。显然，一般情况下，如果顾客的消费金额不足以弥补边际购买成本，则交易不会进行，即$R_i>c$，故有$d^2CLV_i/d\lambda_i d\theta_i>0$，这说明$\lambda_i$对$CLV_i$的作用强度将随着$\theta_i$的增大而增大，也即是，$CLV_i^*$的增长速度会随着$\lambda_i$的增大而增大。取$V_i=0.1$，R=2 000，$C=1\,000$，$b=100$，$T=1$，$a=0$，$K_i=100$，模拟计算在$\lambda_i$的定义域［0，1］内，$\theta^*$和$CLV_i$随$\lambda_i$的变化情况，运算结果如图5-4所示。可以发现，随着λ_i的增大，θ^*和CLV_i增大，且最大极值点连线呈现近似二次函数［$y=ax^2+bx+c$，（$a>0$，$x\geqslant0$）］的分布特征。由此得出以下结论：

命题5.4：当其他条件不变时，随着顾客实现购买率λ_i的提高，阈值θ^*和CLV_i递增，且顾客忠诚对赢利起积极作用的区间范围和强度增大。

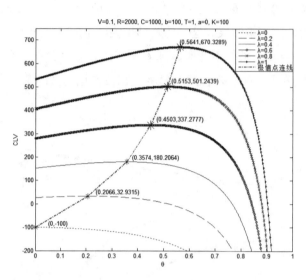

图5-4 θ^*和CLV_i随实现购买率λ_i的变化情况

（5）顾客意见领袖能力对最优顾客忠诚度和CLV的影响

再对θ^*和CLV_i求关于顾客意见领袖能力V_i的导函数，得到$\mathrm{d}\theta^*/\mathrm{d}V_i>0$，

$$\frac{\mathrm{d}CLV_i}{\mathrm{d}V_i}=\left[\frac{(R_i-c)\lambda_i}{1-\theta_i}(1-e^{-(1-\theta_i)T})-\frac{b}{1-\theta_i}-a\right]\theta_i=DV_i\cdot\theta_i。$$ 显然，当$DV_i<0$

时，CLV为关于V_i的单调递减函数；当$DV_i>0$时，CLV为关于V_i的单调递增函数。这说明θ^*随着V_i的增大而增大；且对于亏损的顾客（$DV_i\leqslant0$），其意见领袖能力越强，所造成的亏损将越大。这正反映了社会比较机制的假设。由于$\dfrac{\mathrm{d}^2CLV_i}{\mathrm{d}V_i\mathrm{d}\lambda_i}=\dfrac{(R_i-c)}{1-\theta_i}(1-e^{-(1-\theta_i)T})>0$，因此，随着$\lambda_i$的增大，$V_i$对$CLV_i$的作用强度增大。取$R=2\,000$，$C=1\,000$，$b=100$，$T=1$，$a=0$，$K_i=100$，比较$\lambda_i$等于0，0.4，0.8，1等4种情况下，$\theta^*$和$CLV_i$随$V_i$的变化情况。模拟结果如图5-5所示，其结果与数学推理一致。由此，可得出命题5.5。比较$V_i=0$与其他取值情况的仿真结果，可以发现，当$DV_i>0$时，忽略V_i的考虑，将会低估CLV_i，且顾客忠诚度越高，低估程度越大，这将导致

企业存在丧失高赢利性顾客的危险；当$DV_i \leq 0$时，忽略V_i的考虑，将会高估CLV_i，从而将会误导企业的资源配置。这一仿真结果验证了5.2.1中的第二个优越性。

命题5.5：当其他条件不变时，对于赢利的顾客忠诚（$DV_i > 0$），随着顾客意见领袖能力V_i的提高，阈值θ^*和CLV_i递增；而对于亏损的顾客忠诚（即$DV_i \leq 0$），顾客意见领袖能力V_i越强，其造成的亏损越大。随着顾客实现购买率λ_i的提高，V_i对盈利能力起积极作用的区间范围和作用强度增大。

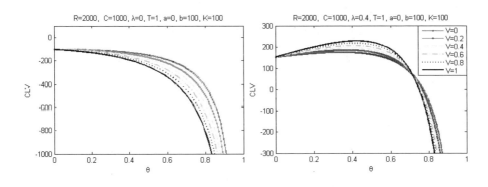

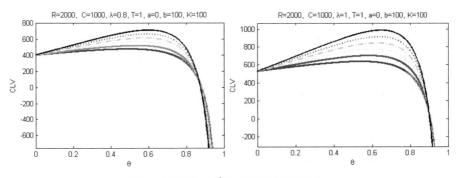

图5-5 V_i与λ_i对θ^*及CLV_i的协同影响

5.3 本章小结

本章根据第二章关于当前CLV模型研究成果的述评，以及重新诠释的CLV内涵和价值结构，即把CLV的内涵扩展为显性价值（包括现有价值和潜在价值）和隐性价值（包括口碑价值和创新价值），讨论各种价值的测量问题，尤其是重点开发顾客口碑价值和顾客创新价值的计量模型。这有效地填补了现有CLV模型的缺陷和顾客创新价值计量的空白。并且，该模型计算了CLV的各价值成分，为企业提供了清晰的CLV价值结构图，有利于企业分析与定位顾客。比如，将顾客定位为现在主要顾客、潜在主要顾客、潜在流失型顾客、高口碑价值型顾客及高创新价值型顾客等类型。这为企业制定营销策略，配置营销资源提供了依据。

其二，所构建的CLV模型增加了参数b，V_i，K_i的考虑，理论分析证明，这些参数的考虑有助于提高CLV精确性及为企业提供新的顾客识别指标。本章还将顾客忠诚这一变量引入CLV模型，使得能够更深入地探究顾客忠诚与赢利性的关系变化规律。通过分析所构建CLV模型的函数性质，揭示了θ^*和CLV_i的变化特征及关键影响因素（命题5.1-5.5）。这些结论为顾客赢利性管理优化提供了有效的理论依据。本研究将在此基础上，进一步探究顾客赢利性管理优化问题。

第六章

PCPMS与动态化的价值共创战略管理逻辑的建构

本章在数学分析的基础上，进一步阐述如何运用所构建的CLV模型和所发现的结论建构赢利的顾客资产库，由此提出一种顾客赢利性管理方法——"赢利的顾客资产库管理系统"（PCPMS），并论述PCPMS的管理方法与流程。进而探讨关于CLV模型和PCPMS建构的研究结论所启发的新管理逻辑——动态化的价值共创战略管理，阐述这一新管理逻辑的要旨。

6.1 建构赢利的顾客资产库

由顾客忠诚与赢利性关系变化特征分析结果得知，简单地追求高顾客忠诚度并非是明智的策略。θ^*和CLV_i要受到K_i，T，b，λ_i，V_i等诸多关键因素的影响。根据数理推算得到的命题5.1–5.5可知，企业也不能单纯依靠CLV这一指标管理顾客，而需要结合这些关键因素判断顾客特性，并针对顾客的特性进行个性化管理，方可能建构最大化赢利的顾客资产库，从而建立不可替代的竞争优势。再而，所构建的CLV模型以价值结构为基础，有利于企业清晰地测定单个顾客的CLV及各价值成分，进而根据价值结构特征，实施个性化管理。为此，在数学分析基础上，本研究进一步提出一种建构赢利的顾客资产库的管理思路——"赢利的顾客资产库管理系统"（PCPMS）。

在PCPMS中，准确定位顾客至关重要。根据前文关于顾客赢利性测量研究可知，全面掌握顾客赢利性的各价值成分信息对准确定位顾客有着极为重要的作用。为此，本研究提出一个以DV_i，CLV_i，CIV_i为三维坐标的顾客赢利性定位三维体，如图6–1所示。

PCPMS以顾客定位为起点，通过采集相关的顾客信息，运

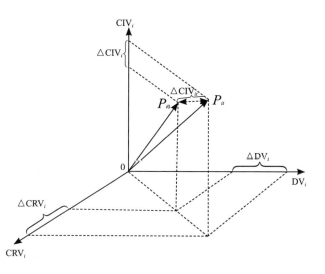

图6–1 顾客赢利性定位三维体

用顾客赢利性定位三维体判别、细分顾客，并以培养赢利的顾客为目标，针对顾客特质，设计个性化的忠诚培养计划，由此建构最大化赢利的顾客资产库，从而建立不可替代的竞争优势。具体的系统运作步骤如下：

步骤1：采用历史记录或市场调研，计算各个关键因素K_i，T，b，λ_i，V_i以及当前的顾客忠诚度θ_{i0}。

步骤2：测量当前顾客的CLV_{i0}及各组成价值的大小。

步骤3：以DV_i，CRV_i，CIV_i为三维坐标，确定顾客的初始定位P_{i0}（如图6-1所示），根据P_{i0}细分顾客，将顾客个人统计特征信息和顾客细分信息存入顾客资产库。

步骤4：采用本研究所构建的CLV模型，估算最优的顾客忠诚度θ^*，确定顾客的预期定位P_{it}。

步骤5：比较P_{it}与P_{i0}的差距（如图6-1所示），设计个性化的忠诚培养计划。

步骤6：在预期时点t上，测量各顾客的实际赢利性，反馈忠诚培养计划的绩效；更新顾客资产库和修正忠诚培养计划，并定期返回步骤1，进行循环管理。整个顾客资产库管理系统流程如图6-2所示。

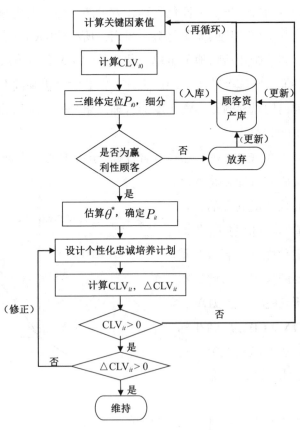

图6-2 PCPMS管理流程

6.2 动态化的价值共创战略管理逻辑

从价值形成过程角度得出，顾客赢利性的大小取决于顾客—企业耦合度的高低。这就要求企业的顾客关系管理要能够迅速应对顾客（或市场）的变动。诚如上文所述，简单地采用顾客忠诚度或CLV指标对顾客实行静态化管理并非是可取的管理策略。由数学分析结果可以判断，结合K_i，T，b，λ_i，V_i等关键因素，实施动态化的价值共创战略管理将是有效的顾客关系管理策略。且信息技术的高速发展和需求的个性化，催生了创新2.0时代的到来，体验更成了新的价值基础，价值共创正是应对这一新思潮的战略手段。其中重要的管理思路是：提高顾客—企业耦合度，促进顾客与企业双方的协同演进。由此，准确的顾客定位与实行实时（real time）的个性化管理则为实现动态化价值共创战略管理的关键点。本研究所构建的CLV模型和PCPMS正好为此提供有效的管理工具。

6.2.1 定位顾客，寻找顾客—企业耦合点

准确的顾客定位是设计个性化管理，提高顾客—企业耦合度的基础。本研究所构建的CLV模型，能够帮助企业测量个体顾客 i 的CLV_i和各子价值DV_i，CRV_i，CIV_i，及利用"顾客赢利性定位三维体"细分顾客。这使得企业能够结合顾客的个人统计特征信息与K_i，T，b，λ_i，V_i等关键因素的特征值，确定顾客的预期定位P_{it}（即为顾客—企业耦合点），为设计个性化的顾客忠诚培养计划奠定基础。

6.2.2 实行实时的个性化管理，引导顾客演进

在PCPMS管理流程中，"设计个性化忠诚培养计划"这一模块是企业实施个性化管理、提高顾客—企业耦合度、促进顾客与企业双方协同演进的重要平台。在价值共创战略管理思路下，企业的个性化管理设计应当秉持"上求下化"的双回向管理逻辑。亦即是，一方面，针对顾客特质及其需求，力求设计出满足顾客需求的互动服务；另一方面，运用价值共创平台，引导顾客成长（认知、需求和情感等方面的成长），强化顾客嵌入度。在这一管理思想指导下，着力于达成与顾客间的共同创造的耦合，借此耦合机制，实现顾客与企业的螺旋式上升的协同演进。

6.3 本章小结

在数学分析基础上，本研究进一步讨论所构建的CLV模型的管理应用，提出一种建构赢利的顾客资产库的管理方法——PCPMS，并阐述了PCPMS的管理流程。进而，探讨关于CLV模型和PCPMS建构的研究结论所启发的新管理逻辑——动态化的价值共创战略管理。讨论了这一新管理逻辑的要旨：提高顾客—企业耦合度，促进顾客与企业双方的协同演进，阐述了价值共创过程中的动态演进耦合性及其作用机制。

第七章

价值共创过程中的动态演进耦合机制

　　据第二章关于价值共创管理研究成果的述评可知，在价值共创模式下，共创体验是新的价值基础，探究共创体验对顾客赢利性的作用机制（即共创价值之形成机理）是打开价值共创过程中的动态演进耦合机制这一黑箱的有效途径。而共创体验作为顾客参与企业创新活动而引发的认知反应，实质上是一种由顾客高度介入加工而产生的心理势力。因此，理解共创价值的形成机理，需要厘清在共创体验作用下个体的心理历程的动力结构的变化情况。故本研究尝试从心理动力结构视角，剖析价值共创环境下的个体心理动力结构模型。进而，探究价值共创过程的动态演进耦合机制，运用计算机仿真，剖析价值共创系统的演进过程，及企业"认知—反应"能力对这一演进的影响，由此论证本研究根据CLV模型所建构的PCPMS与动态化的价值共创战略管理逻辑的优越性。

7.1 共同创造行为环境下的个体心理动力结构模型

　　根据场域理论的观点，个体行为受到情境因素和个体态度的交互作用。其中，情境因素是个体心理生活空间之外的外在动力的作用结果；相应的，个体态度的形成或改变则要受到内在心理动力的作用。只有在内在心理势力的作用下，个体态度才能形成或改变，并在给定情境下，产生特定的行为。共同创造是企业与顾客不断对话、不断发展的交互过程，具有固有的动态性和交互性；共创体验作为这一活动所引发的认知反应，实质上是一种由顾客高度介入加工而产生的心理势力，也固有动态性和交互性。也即是说，在共同创造过程中，顾客将会受到情境的"教化"，产生特有的共创体验，共创体验作为新的心理动力源，将进一步促使心智成长/变化，引发或唤起顾客的新认知，从而形成了顾客新的心理动力。这种动力促进个体态度的改变，形成新的心理势能。这一心理势能在外来的情境动力作用下，产生后续行为。即个体心理生活空间域内，其心理动力结构如图7-1所示。由此可归纳得到命题7.1。

　　命题7.1：由行为环境所触发的心理动力源——共创体验能够促使顾客的认知成长；这一认知形成新的心理动力，促进个体态度的改变，形成新的心理势能；这一心理势能在情境动力作用下，产生个体后续行为。

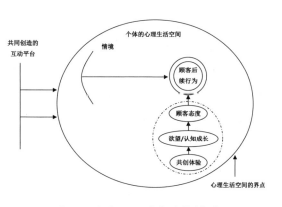

图7-1 个体心理动力结构模型

7.2 价值共创过程的动态演进

7.2.1 价值共创过程的动力机制

价值共创是一个不断对话、思想不断碰撞的持续互动过程。据认知进化论逻辑推理得知，企业和顾客双方在互动过程中，其认知能力都将得到进化。这种认知能力的成长表现为：

第一，顾客得到新的知识教化，从而得到知识成长，且增长创造力。这些成长将通过顾客态度和行为表征，反过来影响企业的运营效益。也即是说，一方面，认知进化将促进顾客参与创新的积极性和购买意向；另一方面，认知进化消减了顾客对企业认知的不确定性，根据前景理论的确定效应，在面对获利情境中，人们倾向于风险规避，因此，将促使顾客更加偏爱企业。同时，根据流理论，享受性的流体验产生于顾客专注、沉浸于创造之中而忘乎所以的情境。由此可以推断，在此情境下，顾客将会以创造场景来界定自我概念，也即是把自我归类到所处的创新群体，从而强化顾客—企业认同。顾客—企业认同又将进一步强化顾客对企业的偏爱，进而激发顾客购买、推荐、创新的积极性，最终提高赢利性。

第二，在与顾客的互动中，企业能够更加深入地了解市场需求，提升了企业的市场认知，这将有利于企业更加及时有效地对市场需求的变动做出反应，调整策略，甚至进行深度的革新，升级企业的运营系统，即是说，促进了企业进化能力的成长。企业成长将有利于促进顾客—企业之间的耦合度，使得顾客与企业双方呈现螺旋式上升，实现企业与顾客的协同演进。故可推导出命题7.2。

命题7.2：价值共创能够同时触发顾客与企业双方的成长：① 触发顾客的心理动力源——共创体验，导引顾客成长（认知成长与感情成长），以激发顾客的积极消费行为；② 促进企业的市场需求认知、市场反应能力、进化能力的成长。由此促使顾客—企业呈正耦合演进，从而为企业创造赢利，即实现共创价值。

第三，如图7-1所示，顾客行为实现过程中，除了受到顾客自身因素（态度）的影响之外，还会受到情境因素的影响。一般地，行业不同，其购物环境会有相应的差异，因此，对"态度—行为"实现过程也将产生不同程度的诱导作用。当企业的进化足以使得顾客"抵御"外部环境（相对于顾客与企业所构成的系统而言）的诱惑时，环境动荡性并不能破坏顾客—企业的耦合度。相反，由于环境动荡性刺激了企业实行进化，从而推动了顾客—企业的耦合速度的增长，使得双方实现协同演进。然而，当企业的知识和能力不能随着环境的变化而实现同步或超前进化，原有的核心能力成为"核心刚性"，难以实现"颠覆性创新"时，顾客参与价值共创的"渐进式创新"将制约着企业的发展，甚至使得企业失去竞争优势，此时，顾客创新的营销模式可能将对顾客变得没有吸引力，也即是，环境动荡性破坏顾客—企业的耦合度，从而消减顾客后续行为，阻碍共创价值的实现。

第四，在价值共创的特定情境中，企业对外开放性程度（本研究采用"许可介入程度"加以衡量）也是顾客行为环境的决定要素之一。许可介入程度决定着顾客在企业创新活动中的参与深度、所能掌握的内部信息量等，进而影响顾客—企业的耦合度。可以推断，随着许可介入程度的扩展，顾客能够更深入地参与到企业的创新活动中，更全面地掌握相关的内部信息，这将有利于促进顾客对企业的投入（情感、时间和知识），强化顾客—企业的耦合度。由此推动顾客创新行为的实现，促进顾客赢利性的增长。由此可归纳得到命题7.3。

命题7.3：共创体验的价值形成过程中，会受到环境动荡性和许可介入程度的调节作用：其一，当环境动荡性小于企业进化速度时，环境动荡性有利于促进共创价值的实现，而当其大于企业的进化速度时，则将阻碍共创价值的实现；其二，许可介入程度越高，越有利于共创价值的实现。

综上所述，构建共创价值的形成机理概念模型，如图7-2所示。

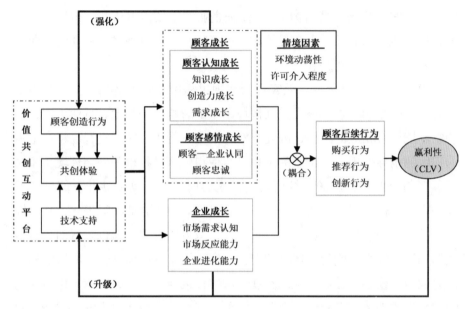

图7-2 共创价值的形成机理概念模型

7.2.2 价值共创过程的耦合机制

（1）耦合系统的描述

根据价值共创过程的动力机制分析可知，共创价值的实现取决于顾客—企业耦合度的大小，顾客—企业耦合度越高，越有利于共创价值的实现。共创价值形成过程的耦合要素可以归纳为三大模块：顾客成长（顾客认知成长和顾客感情成长）、企业成长和情境因素。亦即是说，共创价值形成过程的耦合机制是一种由顾客成长、企业成长和情境因素等要素间的相互依赖程度与互动所形成的系统配置状态。因此，可将共创价值的形成过程视为一个具有顾客成长、企业成长和情境因素等决策要素的复杂系统（本研究将其简称为价值共创系统），则共创价值的实现绩效取决于系统的适应度。故可运用Wright的适应度景观（fitness landscape）的思想来分析共创价值形成过程的耦合机制。

（2）适应度景观模型建构

由图7-2可得，价值共创系统的决策向量为$X=(x_{1a}, x_{1b}, x_{1c}, x_{2a}, x_{2b}, x_{3a}, x_{3b}, x_{3c}, x_4, x_5)$，其中，$X=(x_{1a}, x_{1b}, x_{1c})$表示顾客认知成长；$X_2=(x_{2a}, x_{2b})$表示顾客感情成长；$X_3=(x_{3a}, x_{3b}, x_{3c})$表示企业成长；$x_4$表示许可介入程度；$x_5$表示环境动荡性。根据NK模型假设，各项决策$x_i$的取值为0或1（这里0和1只是对各系统要素变动程度的一种简化表示方式，并不完全对应各要素的两个极端状态）。即有：

$$\begin{cases} x_i\left(x_i\in\{X_1, X_2\}\right)=1，表示较高水平的顾客成长； \\ x_i\left(x_i\in\{X_1, X_2\}\right)=0，表示较低水平的顾客成长； \end{cases}$$

$$\begin{cases} x_i\left(x_i\in X_3\right)=1，表示较高水平的企业成长； \\ x_i\left(x_i\in X_3\right)=0，表示较低水平的企业成长； \end{cases}$$

$$\begin{cases} x_4=1，表示较高水平的许可介入程度； \\ x_4=0，表示较低水平的许可介入程度； \end{cases}$$

$$\begin{cases} x_5=1，表示低环境动荡性； \\ x_5=0，表示高环境动荡性。 \end{cases}$$

由此，可能的配置空间Ω共包含$2^N=2^{10}=1\,024$种状态。

根据命题7.2和命题7.3的推论可假定，各系统要素的贡献度$f_i(x_i=0)<f_i(x_i=1)$。显然，各系统要素贡献度完全由自身状态决定，即系统要素强健度较高条件下（亦即是$K=0$，价值共创系统具有A型的互动结构，如式7-1所示），整个系统适应度景观只有一个顶点（peak），即系统处于［1111111111］配置状态。

$$A=\begin{bmatrix} X & & & & & & & & & \\ & X & & & & & & & & \\ & & X & & & & & & & \\ & & & X & & & & & & \\ & & & & X & & & & & \\ & & & & & X & & & & \\ & & & & & & X & & & \\ & & & & & & & X & & \\ & & & & & & & & X & \\ & & & & & & & & & X \end{bmatrix} \qquad (7\text{-}1)$$

由命题7.2的推论可知，顾客和企业自身可存在自相关性，因此，价值共创系统可能存在B型的互动结构（如式7-2所示）。这即是说，各系统要素的贡献度除了受自身状态的影响，还受到同一信息源的其他要素状态变动的影响，故可记各系统要素的贡献度为$f_i=f_i(x_i, x_{-i})$，$x_{-i}\in B$。据命题7.2可推理得知，顾客成长模块中的认知成长与感情成长具有正相关关系，因此，在演进过程中，将会形成互相推进的螺旋上升程式。即有：$f_i(x_i|x_{-i}=1)>f_i(x_i|x_{-i}=0)$，$(x_i, x_{-i})\in\{X_1, X_2\}$。再而，企业认知能力（市场需求认知）、反应能力和进化能力3种能力的成长也是相辅相成的，一种能力的成长都有助于带动另外两种能力的提高，实现价值共创的稳步发展。另外，许可介入程度实质上是企业根据其现状而确定的与顾客接触的深广度的一种决策，因此，这一决策变量的效果很大程度受制于企业成长状况和产品特性。当企业成长到足以承担开发深度顾客互动平台时，企业才能实现深度的顾客互动（即提高许可介入程度），

$$B=\begin{bmatrix} X & X & X & X & X & & & & \\ X & X & X & X & X & & & & \\ X & X & X & X & X & & & & \\ X & X & X & X & X & & & & \\ X & X & X & X & X & & & & \\ & & & & & X & X & X & X \\ & & & & & X & X & X & X \\ & & & & & X & X & X & X \\ & & & & & X & X & X & X \\ & & & & & & & & X \end{bmatrix} \quad (7-2)$$

并由此促进赢利性增长。故有，$f_i(x_i|x_{-i}=1)>f_i(x_i|x_{-i}=0)$，$(x_i, x_{-i})\in\{X_3, x_4\}$。

再而，根据命题7.3可知，环境动荡性的增大将会破坏顾客—企业的耦合度，从而阻碍共创价值的实现。由此可以推断，$f_{10}(x_5=1|x_{-i})>f_{10}(x_5=0|x_{-i})$。依据命题7.1、命题7.2、命题7.3的推论可知，共创价值的实现是顾客成长、企业成长和情境因素3个模块耦合作用的结果。亦即是，在共创价值形成过程中，这3个模块不仅自身存在自相关性，其模块间存在交互作用。在考虑系统稳健度较高的条件下，取各系统要素的平均互动程度K=3，由随机分布得到的价值共创系统互动结构为C型，如式7-3所示。

$$C = \begin{bmatrix} X & & & & & X & & X & & X \\ X & X & & & X & & X & & & \\ & X & X & X & & & & & X & \\ & X & X & X & & & & & & X \\ & & & & X & X & X & & X & \\ & & & & X & X & X & & & X \\ & X & & & & & X & & X & X \\ & & X & X & & & & X & & X \\ X & & & & X & & X & & X & \\ & & & & X & X & X & & & X \end{bmatrix} \qquad (7-3)$$

在系统要素敏感度较高条件下（即K=N-1=9时），价值共创系统具有D型的互动结构（如式7-4所示），则有$x_{-i} \in D$。为此，本书将分别研究在这A，B，C，D等4种互动结构条件下价值共创系统演进过程的耦合机制。

$$D = \begin{bmatrix} X & X & X & X & X & X & X & X & X & X \\ X & X & X & X & X & X & X & X & X & X \\ X & X & X & X & X & X & X & X & X & X \\ X & X & X & X & X & X & X & X & X & X \\ X & X & X & X & X & X & X & X & X & X \\ X & X & X & X & X & X & X & X & X & X \\ X & X & X & X & X & X & X & X & X & X \\ X & X & X & X & X & X & X & X & X & X \\ X & X & X & X & X & X & X & X & X & X \\ X & X & X & X & X & X & X & X & X & X \end{bmatrix} \qquad (7-4)$$

据NK建模思想，$f_i\,(x_i,\ x_{-i}) \sim u\,[\,0,\ 1\,]$。故特定决策配置下价值共创系统的适应度为：

$$F = \frac{1}{10}\sum_{i=1}^{10} f_i \qquad (7-5)$$

（3）搜寻方式

搜寻方式反映了系统要素发生变异的方式，体现了在适应度景观上进行"攀爬"的过程。因此，搜寻方式取决于研究问题关注点。本研究着重探讨价值共创系统的耦合机制，以及在价值共创模式下，企业认知对顾客赢利性管理的作用。为此，本研究采用局部搜寻方式模拟价值共创系统的演进过程，以剖析价值共创系统的耦合机制。此种搜寻方式一次只改变一个系统要素，通过不断试错考察适应度是否增加，如果适应度增加，则移到新的状态点，否则保留原配置状态。正因局部搜寻的渐进过程性，故该搜寻方式能够充分反映价值共创系统中各系统要素对系统演进的作用。

其次，由于共创价值是顾客和企业在特定情境下的交互作用产生的结果。因此，企业的"认知—反应"能力对价值共创系统演进具有决定性作用，直接影响着顾客—企业耦合度。而企业的"认知—反应"能力的高低则除了取决于企业自身固有资源之外，还取决于其对顾客的认知程度。本研究着重探究企业对顾客的认知程度对价值共创系统演进的影响状况，以期为优化价值共创战略管理提供理论依据。为此，本研究采用Gavetti和Levinthal（2000）所提出的认知搜寻方式研究价值共创系统的演进过程。

该搜寻方式以表征认知的要素N_1（$N_1<N$）创建一个子状态空间——认知空间，先在认知空间上搜寻N_1的最优解，然后再以此最优解为起点，在$N-N_1$个要素构成的子状态空间上搜寻最优适应度。

整个价值共创系统的演进仿真过程如图7-3所示。

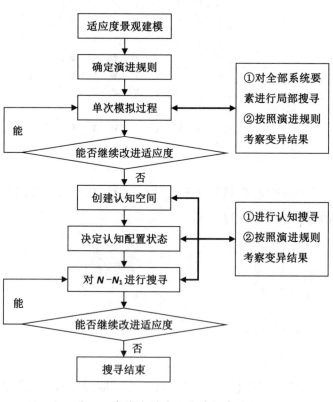

图7-3 价值共创系统演进仿真流程

7.3 仿真结果

7.3.1 4种互动结构的演进过程

本研究采用局部搜寻方式模拟价值共创系统的演进过程，以剖析价值共创系统的耦合机制。诚如上文系统适应度景观建模分析，价值共创系统可能存在4种特殊互动结构，为此，本研究采用局限搜寻方式，分别对这4种互动结构的演进过程进行仿真。由于各系统要素的贡献度$f_i(x_i, x_{-i}) \sim u[0,1]$具有随机性，为了减小随机误差，本次仿真对每一种互动结构运行10 000个独立的适应度景观（landscape）的100个周期演进过程，然后取这10 000个景观的均值作为特定互动结构的适应度景观表征。仿真结果如图7-4所示。

由图7-4可知，在每一个进化周期中，$F(k=0) > F(k=3) > F($自相关$) > F(k=9)$，（自相关互动结构系统平均互动程度$k=3.2$），这说明系统要素互动（相互影响）程度越高，系统演进速度越低。且随着系统要素敏感度的增大，价值共创系统的整体适应度下降，在系统要素高度敏感条件下（即$k=9$），

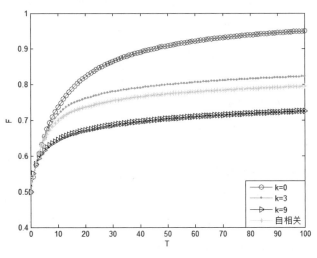

图7-4 4种互动结构的演进过程

系统所能达到的最大化适应度最低。

7.3.2 企业的"认知—反应"能力对价值共创系统演进的影响

诚如上文所论述，企业的"认知—反应"能力对价值共创系统演进具有决定性作用，直接影响着顾客—企业耦合度。为此，本研究采用认知搜寻方式，模拟仿真价值共创系统的演进过程，从而探究企业对顾客的认知程度对价值共创系统演进的影响状况。认知程度包括两个因素，一是认知宽度，即企业所能掌握的信息量，记为NC；二是精确度，即企业所掌握的信息准确性，记为NA，显然$NA \in [0, 1]$。如图7-2所示，在价值共创系统中，非企业信息源的系统要素共有6个，即x_{1a}，x_{1b}，x_{1c}，x_{2a}，x_{2b}，x_5，故$0 \leqslant NC \leqslant 6$；$x_{3a}$，$x_{3b}$，$x_{3c}$，$x_4$等4个系统要素则为企业对认知的反应。

为了简便起见，分别取$NC=3$和6，$NA=0.3$，0.7和1这3种特征值进行比较分析。为了减小随机误差，本次仿真对每一种互动结构运行10 000个独立的适应度景观（landscape）的100个周期演进过程，然后取这10 000个景观的均值作为特定互动结构的适应度景观表征。仿真结果如图7-5至图7-7所示。

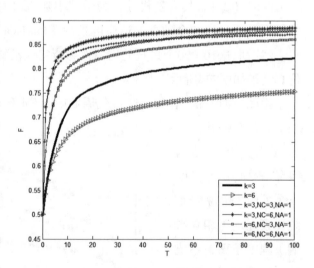

图7-5 企业的认知宽度对价值共创系统演进的影响

如图7-5所示，考虑企业的认知精确度为1的情况，通过分别比较缺乏认知（$k=3$和$k=6$）与中度认知（$k=3$，$NC=3$，$NA=1$；$k=6$，$NC=3$，$NA=1$）；高度认知（$k=3$，$NC=6$，$NA=1$；$k=6$，$NC=6$，$NA=1$）各条件下，价值共创系统适应度的演进过程可以发现，在系统复杂性相同（即 k 取值相同）条件下，随着认知宽度NC的增大，系统演进速度及其适应度显著增大。同时，比较$k=6$，$NC=3$，$NA=1$与$k=3$两种条件下的演进过程可发现，企业高度认知能够显著降低系统复杂性对适应度的负向效应。

如图7-6和图7-7所示，比较$k=3$和$k=6$两种不同系统复杂性情况下，各种不同程度的企业认知对系统适应度的影响，发现均具有相同的变化规律，即认知精确度对系统演进具有显著的影响，并且，当认知精确度较低时，认知宽度越高，系统演进速度及其适应度越差。这就说明，存在一个认知精确度阈值NC_β，当$NC<NC_\beta$时，认知宽度对价值共创系统适应度具有负向效应；当$NC\geq NC_\beta$时，认知宽度对价值共创系统适应度具有正向效应；并且，随着系统复杂性k的增大，阈值NC_β减小。

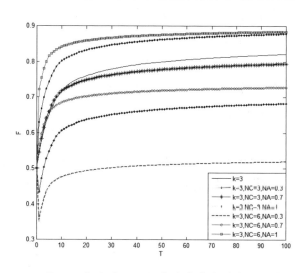

图7-6 企业的认知程度对价值共创系统演进的影响（$k=3$）

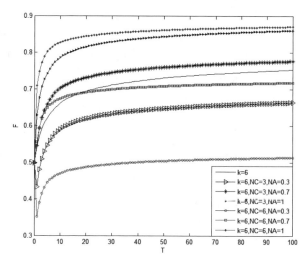

图7-7 企业的认知程度对价值共创系统演进的影响（$k=6$）

为了更精确地检验企业的"认知—反应"能力与系统复杂性对系统适应度的交互作用，本研究分别仿真模拟在k，NC和NA在其定义域内的各种取值情况。对每一种条件运行10 000个独立的适应度景观（landscape）的100个周期演进过程，然后取这10 000个景观的均值作为特定条件的适应度景观表征。由此得到的18 600条记录（去除起始点）作为样本数据，运用层次回归分析法，检验企业认知的"认知—反应"能力与系统复杂性对系统适应度的交互作用。

由层次回归分析得到，如表7-1所示，NC*NA的回归系数显著大于0（$\triangle R^2=0.167$，$P<0.001$），说明了企业认知宽度对价值共创系统适应度的影响受到其认知精确度的调节作用，认知精确度能够强化企业认知宽度对系统适应度的正向效应。

表7-1 企业认知程度对价值共创系统适应度的影响

自变量 \ 因变量	F	
	M1	M2
(Constant)	0.000	-0.043**
T	0.245**	0.245**
NC	-0.467**	-0.414**
NA	0.712**	0.758**
NC*NA		0.383**
R^2	0.710**	0.877**
$\triangle R^2$		0.167**

注：**. $P< 0.01$，*. $P< 0.05$。

表7-2 企业认知程度与系统复杂性对价值共创系统适应度的交互作用

因变量 \ 自变量	F		
	M1	M2	M3
(Constant)	0.000	-0.042**	-0.043**
T	0.245**	0.245**	0.245**
k	-0.277**	-0.252**	-0.246**
NC	-0.456**	-0.406**	-0.403**
NA	0.722**	0.767**	0.769**
k*NC		0.024**	0.015**
k*NA		-0.020**	-0.029**
NC*NA		0.368**	0.364**
k*NC*NA			-0.036**
R^2	0.787**	0.941**	0.943**
$\triangle R^2$		0.155**	0.002**

注：**. $P < 0.01$，*. $P < 0.05$。

如表7-2所示，k*NC*NA的回归系数显著小于0（$\triangle R^2=0.002$，$P<0.001$），说明了企业认知程度显著弱化了系统复杂性 k 对价值共创系统适应度的负向影响。这也进一步验证了企业的认知程度对提高价值共创系统适应度的积极作用。

由此可以归纳得出，企业的"认知—反应"能力的提高能够有效强化价值共创系统的适应度，弱化系统复杂性的负向影响，促使价值共创系统稳步演进，从而促进共创价值的实现和增加。而本研究所建构的CLV模型能够帮助企业更深入地了解顾客特质，提高企业的认知精确度，PCPMS管理系统正是应用CLV模型充分分析顾客特征，有助于强化企业的认知能力，且主张据此顾客细分结果，对顾客进行个性化管理，则将有助于提高企业的反应能力。因此，以本研究所构建的CLV模型和PCPMS管理系统为管理工具，对顾客实行动态化的价值共创战略管理，将有助于企业更好地实现顾客赢利性（亦即是，实现共创价值）。

7.4 本章小结

本章尝试从心理动力结构视角，剖析价值共创环境下的个体心理动力结构模型。进而，探究价值共创过程的动态演进耦合机制，运用计算机仿真，检验了不同互动结构的演进过程和企业的"认知—反应"能力对价值共创演进的影响，由此证明，提高企业对顾客的认知程度（尤其是精确度）能够有效强化价值共创系统的适应度，弱化系统复杂性的负向影响，促使价值共创系统稳步演进，从而促进共创价值的实现和增加。本章还在理论层面，论证了本研究根据CLV模型所建构的PCPMS与动态化的价值共创战略管理逻辑的优越性。

第八章　结论：通往价值共创之路

8.1 主要创新之处

本研究尝试在两个关键问题上有所突破：第一，如何界定价值共创模式下的顾客赢利性的价值结构与内涵，以及测量各价值成分；第二，如何优化顾客赢利性管理。针对这两个关键研究问题，开展了"顾客赢利性的价值结构及其测量问题探析""顾客口碑价值的形成机理""顾客创新价值的形成机理""顾客赢利性测量模型优化及其函数性质研究""建构顾客赢利性的优化管理系统——PCPMS"和"价值共创过程的动态演进耦合机制"等6个论题的研究。其主要创新之处可归纳为以下几个要点：

第一，突破顾客赢利性内涵的传统认识，诠释其价值结构，从价值形成过程视角来探究顾客赢利性的测量问题，优化其测量模型——CLV模型。

第二，从社会影响视角，通过实证研究，揭示了顾客口碑价值（CRV）的形成机制，并构建了CRV的计量模型，深化了对顾客口碑价值的理解。

第三，从计划行为论视角，通过实证研究，揭示了顾客创新价值（CIV）的形成机理，并建构其测量模型，补充了当前这一研究问题的空白。

第四，揭示了顾客忠诚和顾客赢利性的变化特征及关键影响因素，解释了顾客忠诚与顾客赢利性之间的悖反问题。

第五，从个性化管理角度出发，建构顾客赢利性的管理方法——赢利的顾客资产库管理系统，及提出新管理逻辑——动态化的价值共创战略管理，为顾客关系管理提供新的管理工具。从心理动力结构视角，剖析价值共创环境下的个体心理动力结构模型，打开价值共创过程中的动态演进耦合机制这一黑箱。

8.2 主要研究结论

8.2.1 顾客口碑价值的形成机理

本研究运用问卷调查法，从社会影响视角探究顾客推荐行为对被推荐者和推荐者的不同影响机制，以揭示顾客口碑价值的形成机制。实证研究得到以下结论：

RF1a：顾客口碑推荐行为对溢价能力、购买额增长、获得成本降低和保留成本降低等顾客口碑价值组成成分均具有显著的积极作用。

RF1b：顾客口碑推荐行为对被推荐者和推荐者具有不同的作用机制。这两种不同作用机制产生了不同类型的顾客口碑价值，即CRV_1和CRV_2；其中，CRV_1以顾客购买额增长、顾客获得成本降低、顾客保留成本降低和企业溢价能力等4种价值形式为其测量指标；CRV_2以顾客购买额增长、顾客保留成本降低、企业溢价能力等3种价值形式为其测量指标。

RF1c：CRV_1的形成过程会受到顾客的社会关系广度和社会影响力的交互调节作用。

RF1d：对于推荐者自身的作用机制，口碑推荐行为对强化推荐者的态度清晰性，进而强化其态度正确性，从而促使CRV_2的形成。

8.2.2 顾客创新价值的形成机理

本研究运用问卷调查法，从计划行为论视角探究顾客创新价值的形成机制。实证研究得到以下结论：

RF2a：顾客创新价值具有以顾客购买额增长、顾客成本节约和溢价能力等3种价值形式为其测量指标的高阶结构。

RF2b：独特性需求、自我效能和企业激励感知等因素均能够有效促进顾客创新行为。

RF2c：顾客创新行为在转化成顾客创新价值过程中，要受到企业的创意转化能力的影响，但没有受到环境动荡性的影响。

8.2.3 顾客赢利性的内涵与函数性质

CLV是指从开始购买企业产品到终止购买企业产品的时期内，顾客为企业创造的利润，包括显性价值和隐性价值。从价值产生的形式分析，CLV的价值结构可分为现有价值、潜在价值、口碑价值和创新价值四部分，根据各价值成分的形成机理所构建的优化模型如下：

$$CLV_i = (EV_i + PV_i) + (CRV_i + CIV_i)$$

$$= (1 + V_i\theta_i)\left[\frac{(R_i - c)\lambda_i}{1 - \theta_i}(1 - e^{-(1-\theta_i)T}) - \frac{b}{1-\theta_i} - a\right] + K_i\theta_i$$

通过分析这一模型的函数性质，仿真论证得到以下5个研究结论：

RF3a：在顾客忠诚θ_i的定义域[0，1]内，存在唯一最优点θ^*，使得CLV_i达到最大值，当且仅当忠诚培养成本率b等于0时，$\theta^* = 1$。且在其他条件不变的情况下，K_i越大，θ^*和CLV_i越大（命题5.1）。

RF3b：在其他条件不变的情况下，随着顾客生命周期长度T的增大，阈值θ^*和CLV_i递增，且顾客忠诚对赢利起积极作用的区间范围和强度增大（命题5.2）。

RF3c：当其他条件不变时，随着顾客的忠诚培养成本率b的增大，阈值θ^*和CLV_i递减，且顾客忠诚对赢利起积极作用的区间范围变小（命题5.3）。

RF3d：当其他条件不变时，随着顾客实现购买率λ_i的提高，阈值θ^*和CLV_i递增，且顾客忠诚对赢利起积极作用的区间范围和强度增大（命题5.4）。

RF3e：当其他条件不变时，对于赢利的顾客忠诚（$DV_i > 0$），随着顾客意见领袖能力V_i的提高，阈值θ^*和CLV_i递增；而对于亏损的顾客忠诚

（即$DV_i \leq 0$），顾客意见领袖能力V_i越强，其造成的亏损越大。随着顾客实现购买率λ_i的提高，V_i对盈利能力起积极作用的区间范围和作用强度增大（命题5.5）。

8.2.4 价值共创过程中的动态演进耦合机制

本研究针对第六章所建构的PCPMS和动态化的价值共创战略管理逻辑，从心理动力结构视角，剖析价值共创环境下的个体心理动力结构模型，打开价值共创过程中的动态演进耦合机制这一黑箱，并论证本研究根据CLV模型所建构的PCPMS与动态化的价值共创战略管理逻辑的优越性。由理论推理和仿真论证，得到以下结论：

RF4a：由行为环境所触发的心理动力源——共创体验能够促使顾客的欲望的成长；这一欲望形成新的心理动力，促进个体态度的改变，形成新的心理势能；这一心理势能在情境动力作用下，产生个体后续行为（命题7.1）。

RF4b：价值共创能够同时触发顾客与企业双方的成长：① 触发顾客的心理动力源——共创体验，导引顾客成长（认知成长与感情成长），以激发顾客的积极消费行为；② 促进企业的市场需求认知、市场反应能力、进化能力的成长。由此促使顾客—企业呈正耦合演进，从而为企业创造赢利，即实现共创价值（命题7.2）。

RF4c：共创价值的实现会受到环境动荡性和许可介入程度的调节作用：其一，当环境动荡性小于企业进化速度时，环境动荡性有利于促进共创价值的实现，而当其大于企业的进化速度时，则将阻碍共创价值的实现；其二，许可介入程度越高，越有利于共创价值的实现（命题7.3）。

RF4d：价值共创系统中，各系统要素互动（相互影响）程度越高，系统演进速度越低。随着系统要素敏感度的增大，价值共创系统的整体适应度下降。

RF4e：提高企业对顾客的认知程度（尤其是精确度）能够有效强化价值共创系统的适应度，弱化系统复杂性的负向影响，促使价值共创系统稳步演进，从而促进共创价值的实现和增加。

8.2.5 动态化的价值共创战略管理逻辑的优越性

动态化的价值共创战略管理逻辑的要旨：提高顾客—企业耦合度，促进顾客与企业双方的协同演进。本研究运用计算机仿真，检验了不同互动结构的演进过程和企业的"认知—反应"能力对价值共创演进的影响，由此证明了提高企业对顾客的认知程度对实现共创价值的重要作用（RF4e）。而本研究所建构的CLV模型能够帮助企业更深入地了解顾客特质（RF3a ~ RF3e），提高企业的认知精确度，PCPMS管理系统正是在应用CLV模型充分分析顾客特征，有助于强化企业的认知能力，且主张据此顾客细分结果，对顾客进行个性化管理，则将有助于提高企业的反应能力。因此，以本研究所构建的CLV模型和PCPMS管理系统为管理工具，对顾客实行动态化的价值共创战略管理，将有助于企业更好地实现顾客赢利性（亦即是，实现共创价值）。

据此研究结论，可以推断，实施动态化的价值共创战略管理（dynamic value co-creation strategy management，DVCSM）将是有效的顾客关系管理策略。这种动态化的价值共创战略管理逻辑的管理思路是：提高顾客—企业耦合度，促进顾客与企业双方的协同演进。亦即是，其一，通过引导顾客参与价值共创，利用互动平台捕抓更详细的顾客信息，从而更深入地了解顾客特质，提高企业的认知精确度，强化企业的认知能力；其二，升级"价值共创互动平台"的技术支持，并针对顾客特质实行个性化管理，由此提高顾客—企业耦合度，促进顾客与企业双方协同演进。

在价值共创战略管理思路下，企业的个性化管理设计要旨在于为顾客提供忠诚的服务，故应当秉持"上求下化"的双回向管理逻辑。亦即是，一方面，针对顾客特质及其需求，力求设计出满足顾客需求的互动服务；另一方面，运用价值共创平台，引导顾客成长（认知、需求和情感等方面的成长），强化顾客嵌入度。这一管理思想，实质上是"以忠诚换取忠诚"，乃是极易知易从的理念。由建立顾客—企业间的共同见识，促进双方共同创造的耦合，藉此耦合机制，实现顾客与企业的螺旋式上升的协同演进。

8.3 局限性与未来研究论题

诚然，在本研究中，顾客的态度确定性对顾客口碑价值的形成只是起到部分中介的作用，这表明在这一形成过程中，还存在其他未发现的中介变量的影响。解释这些潜在的中间影响因素，对于优化顾客管理具有重要价值，也是充分理解顾客口碑推荐行为作用特性的有趣论题之一。

再而，本研究采用由推荐者报道的问卷调查数据收集方法，这对充分揭示顾客口碑推荐行为对被推荐者购买行为的影响机制还是存在一定的局限性，结合实验研究法，采集配对数据，将可能更好更深入地挖掘这一影响机制。这将是后续研究问题之一。

第三，虽然本研究已经在理论层面上分析和验证了所构建的CLV模型的优越性，尚未采用企业实践数据对其测量的精确性及其在管理中的优越性加以验证。关于这一模型的精确性还有待进一步进行实地实验研究。

最后，本文所建构的PCPMS与动态化的价值共创战略管理逻辑仅给出顾客定位方法、顾客赢利性管理流程和管理要旨，尚未能深度论辩这一新管理逻辑的哲学思想，提出更具体的制度化管理策略。并且，关于价值共创过程中的动态演进耦合机制尚缺乏实证研究。由于这些问题的解决对于深化顾客关系管理理论的发展和实践的管理优化均具有重要意义，因此，后续研究还将着力于这些论题的探究。为此，笔者也正尝试以中道思想为基础哲学思想，着手设计关于建构一种能够更有效指导价值共创的管理思想[初步定义为"广大和谐管理思想"（comprehensive harmony management thoughts）]的研究课题。

参考文献

[1] Andreu L，Sánchez I，Mele C. Value co-creation among retailers and consumers: New in sights into the furniture market [J]. Journal of Retailing and Consumer Services，2010，17：241-250.

[2] Bendapudi N，Leone R P. Psychological implications of customer participation in co-production [J]. Journal of Marketing，2003，67 (7): 14-28.

[3] Berger P D，Nasr N I. Customer lifetime value: marketing models and applications[J]. Journal of Interactive Marketing，1998，12(1): 17-30.

[4] Biyalogorsky E，Gerstner E，Libai B. Customer referral management: optimal reward programs [J]. Marketing Science，2001，20(1): 82-95.

[5] Brown S P，Jones E，Leigh T W. The attenuating effect of role overload on relationships linking self-efficacy and goal level to work performance[J]. Journal of Applied Psychology，2005，90(5): 972.

[6] Burroughs J E，Mick D G. Exploring antecedents and consequences of consumer creativity in a problem-solving context [J]. Journal of Consumer Research，2004，31(2): 402-411.

[7] Chen Y，Xie J. Cross-market network effect with asymmetric customer loyalty: Implications for competitive advantage [J]. Marketing Science，2007，26(1): 52-66.

[8] Crowder M，Hand D J，Krzanowski W. On optimal intervention for customer lifetime value [J]. European Journal of Operational Research，2007，183: 1550-1559.

[9] Csikszentmihalyi，Mihaly. Happiness and creativity: Going with the flow [J]. Special Report on Happiness，1997，31 (5): 8-12.

[10] Day G S. Attitude Change, Media and Word of Mouth [J]. Journal of Advertising Research, 1971, 11(6): 31-40.

[11] Deighton J, Grayson K. Marketing and seduction: Building exchange relationships by managing social consensus[J]. Journal of Consumer Research, 1995: 660-676.

[12] Dwyer F R. Customer lifetime valuation to support marketing decision making [J]. Journal of Interactive Marketing, 1997, 11(4): 6-13.

[13] Fader P S, Hardie B G S, Lee K L. RFM and CLV: Using iso-value curves for customer base analysis [J]. Journal of Marketing Research, 2005: 415-430.

[14] Fader P S, Hardie B G S. Customer-base valuation in a contractual setting: The perils of ignoring heterogeneity [J]. Marketing Science, 2010, 29, (1): 85–93.

[15] Fu, Richards, Hughes, et al. Motivating salespeople to sell new products: The relative influence of attitudes, subjective norms and self-efficacy [J]. Journal of Marketing, 2010, 74 (6), 61-76.

[16] Füller J, Hutter K, Faullant R. Why co-creation experience matters? Creative experience and its impact on the quantity and quality of creative contributions [J]. R&D Management, 2011, 41(3): 259-273.

[17] Füller J, Matzler K. Virtual product experience and customer participation:A chance for customer-centred, really new products [J]. Technovation, 2007, 27(6): 378-387.

[18] Füller J, Mühlbacher H, Matzler K, et al. Consumer empowerment through internet-based co-creation [J]. Journal of Management Information Systems, 2009, 26(3): 71-102.

[19] Füller J. Virtual co-creation of new products and its impact on consumers' product and brand relationships [J]. Academy of Management Annual Meeting Proceedings, 2010: 1-6.

[20] Gavetti G, Levinthal D. Looking forward and looking backward: Cognitive and experiential search [J]. Administrative Science Quarterly,

价值共创模式下的顾客赢利性测量与管理

2000，45(1):113-137.

[21] Gentile C，Spiller N，Noci G. How to sustain the customer experience: An overview of experience components that co-create value with the customer [J]. European Management Journal，2007，25(5): 395-410.

[22] Glady N，Baesens B，Croux C. A modified Pareto/NBD approach for predicting customer lifetime value [J]. Expert Systems with Applications，2009，36：2062-2071.

[23] Goldenberg J，Libai B，Muller E. Talk of the network：A complex systems look at the underlying ptocess of word-of-mouth [J]. Marketing Letters，2001，12(3)：211-223.

[24] Griffis S E，Rao S，Goldsby T J，et al. Linking order fulfillment performance to referrals in online retailing: An empirical analysis [J]. Journal of Business Logistics，2012，33(4)：279–294.

[25] Gupta S，Hanssens D，Hardie B，et al. Modeling customer lifetime value [J]. Journal of Service Research，2006，9(2): 139-155.

[26] Haahti A. Theory of relationship cultivation: a point of view to design of experience [J]. Journal of business and management，2003，9(3): 303-321.

[27] Helm S. Calculating the value of customers' referrals [J]. Managing Service Quality，2003，13(2): 124-133.

[28] Hirschman E C. Innovativeness，novelty seeking and consumer creativity [J]. Journal of Consumer Research，1980: 283-295.

[29] Ho T-H，Li S，Park S-E，et al. Customer influence value and purchase acceleration in new product diffusion [J]. Marketing Science，2012，31 (2): 236-56.

[30] Ho T-H，Park Y-H，Zhou Y-P. Incorporating satisfaction into customer value analysis optimal investment in lifetime value [J]. Marketing Science，2006，25(3): 260-277.

[31] Hoffman D L，Novak T P. Marketing in hypermedia computer-mediated environments: Conceptual foundations [J]. Journal of marketing，1996，60(3): 50-68.

[32] Hogan J E, Lemon K N, Libai B. What is the true value of a lost customer? [J]. Journal of Service Research, 2003, 5(3): 196-208.

[33] Holt D B. Poststructuralist lifestyle analysis: Conceptualizing the social patterning of consumption in postmodernity [J]. Journal of Consumer Research, 1997: 326-350.

[34] Hu Y, Korneliussen T. The effects of personal ties and reciprocity on the performance of small firms in horizontal strategic alliances [J]. Scandinavian Journal of Management, 1997, 13 (2): 159-173.

[35] Iyengar R, Van den Bulte C, Valente T. Opinion leadership and social contagion in new product diffusion [J]. Marketing Science, 2011, 30(2): 195-212.

[36] Jain D, Singh S S. Customer lifetime value research in marketing: a review and future direction [J]. Journal of Interactive Marketing, 2002, 16 (2).

[37] Keng C-J, Huang T-L, Zheng L-J, et al. Modeling service encounters and customer experiential value in retailing: An empirical investigation of shopping mall customers in Taiwan [J]. International Journal of Service Industry Management, 2007, 18 (4): 349-367.

[38] Kim H W, Kankanhalli A. Investigating user resistance to information systems implementation: A status quo bias perspective [J]. Mis Quarterly, 2009, 33(3): 567-582.

[39] Kim S-Y, Jung T-S, Suh E-H, et al. Customer segmentation and strategy development based on customer lifetime value: A case study [J]. Expert Systems with Applications, 2006, 31: 101-107.

[40] Kohler T, Füeller J, Stieger D, et al. Avatar-based innovation: Consequences of the virtual co-creation experience [J]. Computers in Human Behavior, 2011b, 27(1): 160-168.

[41] Kohler T, Füller J, Matzler K, et al. Co-creation in virtual worlds: The design of the user experience [J]. Mis Quarterly, 2011a, 35(3): 773-788.

[42] Kumar V, Petersen J A, Leone R P. Driving profitability by encouraging customer referrals: Who, When, and How [J]. Journal of Marketing, 2010, 74 (9): 1–17.

价值共创模式下的顾客赢利性测量与管理

[43] Kumar V, Petersen J A, Leone R P. How valuable is word of mouth? [J]. Harvard Business Review, 2007, 85(10): 139.

[44] Kumar V, Rajan B. Profitable customer management: measuring and maximizing customer lifetime value [J]. Management Accounting Quarterly, 2009, 10(3): 1-18.

[45] Kumar V, Venkatesan R, Rajan B. Implementing profitability through a customer lifetime value framework [J]. Marketing Intelligence Review, 2009, 2(12): 32- 43.

[46] Kumar V, Shah D, Venkatesan R. Managing retailer proftability: one customer at a time! [J]. Journal of Retailing, 2006, 82(4): 277-294.

[47] Kumar V, Shah D. Building and sustaining profitable customer loyalty for the 21st century [J] Journal of Retailing, 2004, 80: 317-330.

[48] Lam D, Alvin Lee, Mizerski R. The effects of cultural values in word-of-mouth communication [J]. Journal of International Marketing, 2009, 17(3): 55-70.

[49] Law M. Customer referral management: the implications of social networks [J]. The Service Industries Journal, 2008, 28(5): 669- 683.

[50] Lee Jonathan, Lee Janghyuk, Feick L. Incorporating word-of-mouth effects in estimating customer lifetime value [J]. Journal of Database Marketing & Customer Strategy Management, 2006, 14(1): 29-39.

[51] Leenders R T A J. Modeling social influence through network autocorrelation: constructing the weight matrix [J]. Social Networks, 2002, 24(1): 21-47.

[52] Libai B, Muller E, Peres R. Decomposing the value of word-of-mouth seeding programs: Acceleration versus expansion [J]. Journal of Marketing Research, 2013, (4): 161-176.

[53] Lichtenstein D R, Bloch P H, Black W C. Correlates of price acceptability [J]. Journal of Consumer Research, 1988, 15(2): 243-252.

[54] Lim B M, Chung C. The impact of word-of-mouth communication on attribute evaluation [J]. Journal of Business Research, 2011, 64(1): 18-23.

参考文献

[55] Martini1 A, Massa S, Testa S. The role of social software for customer co-creation: Does it change the practice for innovation? [J]. International Journal of Engineering Business Management, 2012, 40(4):1-10.

[56] Mathwick C, Rigdon E. Play, flow, and the online search experience [J]. Journal of Consumer Research, 2004, 31(2): 324-332.

[57] Matthing J, Sanden B, Edvardsson B. New service development: learning from and with customers [J]. International Journal of Service Industry Management, 2004, 15(5): 479-498.

[58] Morrison P D, Roberts J H, Midgley D F. The nature of lead users and measurement of leading edge status [J]. Research Policy, 2004, 33(2): 351-362.

[59] Nakamura J, Csikszentmihalyi M. The concept of flow [J]. Handbook of Positive Psychology, 2002: 89-105.

[60] Nambisan S, Baron R A. Interactions in virtual customer environments: Implications for product support and customer relationship management [J]. Journal of Interactive Marketing, 2007, 21(2): 42-62.

[61] Nambisan S, Baron R A. Virtual customer environments: Testing a model of voluntary participation in value co-creation activities [J]. Journal of product innovation management, 2009, 26(4): 388-406.

[62] Nambisan S, Nambisan P. How to profit from a better virtual customer environment? [J]. MIT Sloan Management Review, 2008, 49(3): 53-61.

[63] Novak T P, Hoffman D L, Yung Y F. Measuring the customer experience in online environments: A structural modeling approach [J]. Marketing science, 2000, 19(1): 22-42.

[64] Nowinski, Vince Net Promoter® Economics: The impact of word of mouth [R]. 2008, white paper, Satmetrix.

[65] Payne A F, Storbacka K, Frow P. Managing the co-creation of value[J].J. of the Acad. Mark. Sci., 2008, 36:83-96.

[66] Petrick J F. Segmenting cruise passengers with price sensitivity [J]. Tourism Management, 2005, 26: 753-762.

价值共创模式下的顾客赢利性测量与管理

[67] Petrocelli J V, Tormala Z L, Rucker D D. Unpacking attitude certainty: Attitude clarity and attitude correctness [J]. Journal of Personality and Social Psychology, 2007, 92: 30-41.

[68] Pine B J, Gilmore J H. Welcome to the experience economy [J]. Harvard Business Review, 1998, (7-8): 97-105.

[69] Prahalad C K, Ramaswamy V. Co-creation experiences: The next practice in value creation [J]. Journal of Interactive Marketing, 2004, 18 (3): 5-14.

[70] Reinartz J W, Kumar V. The impact of customer relationship characteristics on profitable lifetime duration [J]. Journal of Marketing, 2003, 67(1): 77-99.

[71] Reinartz, J W , Kumar V. The mismanagement of customer loyalty [J]. Havard Business Review, 2002, 80(7):86.

[72] Roy S, Sivakumar K, Wilkinson I F. Innovation generation in supply chain relationships: a conceptual model and research propositions [J]. Journal of the Academy of Marketing Science, 2004, 32(1): 61-79.

[73] Ryals L. Determining the indirect value of a customer [J]. Journal of Marketing Management, 2008, 24(7-8): 847-864.

[74] Ryu G, Feick L. A penny for your thoughts: Referral reward programs and referral likelihood [J]. Journal of Marketing, 2007, 71 (7): 84-94.

[75] Sawhney M, Verona G, Prandelli E. Collaborating to create: The internet as a platform for customer engagement in product innovation [J]. Journal of Interactive Marketing, 2005, 19(4): 4-17.

[76] Schmitt B. Experiential marketing [J]. Journal of Marketing Management, 1999, 15: 53-67.

[77] Schmitt P, Skiera B, Bulte C V. Do referral programs increase profits? [J]. GfK-Marketing Intelligence Review. 2013, 5(1): 8-11.

[78] Schmitt P, Skiera B, Bulte C V. Referral programs and customer value [J]. Journal of Marketing, 2011a, 75 (7), 46-59.

[79] Schmitt P, Skiera B, Bulte C V. Why customer referrals can drive

参考文献

stunning profits [J]. Harvard Business Review, 2011b, 89 (6): 30-30.

[80] Schmittlein D C, Mornison D G, Colombo R. Counting your customers: Who are they and what will they do next? [J]. Management Science, 1987, 33(1): 1-24.

[81] Schumann J H, Wangenheim F V, Stringfellow A, et al. Cross-cultural differences in the effect of received word-of-mouth referral in relational service exchange [J]. Journal of International Marketing, 2010, 18(3): 62-80.

[82] Shalley C E, Gilson L L, Blum T C. Interactive effects of growth need strength, work context, and job complexity on self-reported creative performance [J]. Academy of Management Journal, 2009, 52(3): 489-505.

[83] Sheth, J.N. Word of mouth in low risk innovations [J]. Journal of Advertising Research, 1971, 11(1): 15-18.

[84] Stahl H K, Matzler K, Hinterhuber H H. Linking customer lifetime value with shareholder value [J]. Industrial Marketing Management, 2003, 32: 267-279.

[85] Sternberg R J, Lubart T I. The concept of creativity: Prospects and paradigms [J]. Handbook of Creativity, 1999, 1: 3-15.

[86] Vargo, Stephen L, Lusch, et al. Evolving to a new dominant logic for marketing [J]. Journal of Marketing, 2004, 68 (January): 1-17.

[87] Venkatesan, Rajkumar, Kumar. A customer lifetime value framework for customer selection and resource allocation strategy [J]. Journal of Marketing, 2004, 68(4): 106-125.

[88] Von H E, Katz R. Shifting innovation to users via toolkits [J]. Management Science, 2002, 48(7): 821-833.

[89] Von H E. Democratizing innovation: the evolving phenomenon of user innovation [J]. International Journal of Innovation Science, 2009, 1(1): 29-40.

[90] Wang H F, Hong W K. Managing customer profitability in a competitive market by continuous data mining [J]. Industrial Marketing Management, 2006, 35: 715-723.

[91] Wangenheim F V, Bayón T. The chain from customer satisfaction via

word-of-mouth referrals to new customer acquisition [J]. J. of the Acad. Mark. Sci. 2007，35: 233-249.

[92] Wu L，Liu L，Li J. Evaluating customer lifetime value for customer recommendation [C]. IEEE，2005: 138-143.

[93] Wu S C，Fang W C. The effect of consumer-to-consumer interactions on idea generation in virtual brand community relationships [J]. Technovation，2010，30(11): 570-581.

[94] Yim C K，Chan K W，Lam S S K. Do customers and employees enjoy service participation? Synergistic effects of self-and other-efficacy [J]. Journal of Marketing，2012，76(6): 121-140.

[95] 白寅，刘金兰. 口碑传播动态效果研究：一个理论模型［J］. 统计与决策，2009，16: 31-33

[96] 曾明彬，杨建梅. 社会网络对珠三角管理咨询业创新绩效影响之研究［J］. 管理学家（学术版），2011，1: 25-39.

[97] 陈锟，于建原. 营销能力对企业创新影响的正负效应——兼及对"Christensen悖论"的实证与解释［J］. 管理科学学报，2009，12（2）: 126-141.

[98] 陈少霞. 零售企业体验营销与顾客终身价值的关系研究［D］. 广东工业大学硕士学位论文，2010.

[99] 韩顺平，王永贵. 市场营销能力及其绩效影响研究［J］. 管理世界，2006，6: 153-154.

[100] 黄永春，姚山季，卢俊义. 顾客参与新产品开发阶段与象征购买意愿：关系管理的调节效应［J］. 软科学，2010，24（005）: 50-53.

[101] 津巴多，利佩. 影响力心理学［M］. 邓羽，肖莉，唐小艳，译. 北京：人民邮电出版社，2008: 9.

[102] 李纯青，赵平，徐寅峰. 动态客户关系管理的内涵及其模型［J］. 管理工程学报，2005，3: 121-126.

[103] 卢俊义，王永贵. 顾客参与服务创新与创新绩效的关系研究——基于顾客知识转移视角的理论综述与模型构建［J］. 管理学报，2011，8（10）: 1566-1574.

[104] 罗晓光，溪璐路. 基于社会网络分析方法的顾客口碑意见领袖研究［J］.管理评论，2012，24（1）：75-81.

[105] 汪涛，崔楠，肖勇鹏. 顾客参与动机的研究：自我决定理论的视角［J］.营销科学学报，2009，5（1）：1-12.

[106] 王天新，金晓彤. 中国情境下口碑传播对农村居民购买决策影响的实证研究［J］.中大管理研究，2011，6（3）：106-119.

[107] 王永贵等. 顾客创新论——全球竞争环境下"价值共创"之道［M］.北京：中国经济出版社，2011.

[108] 徐岚. 顾客为什么参与创造？［J］.心理学报，2007，39（2）：343-354.

[109] 姚山季，王永贵. 顾客参与新产品开发的绩效影响：产品创新类型的调节效应［J］.商业经济与管理，2011，1（5）：89-96.

[110] 姚唐，郑秋莹，李惠璠，等. Web2.0环境中顾客参与的实现型快乐感形成机制［J］.心理科学进展，2013，21（008）：1347-1356.

[111] 张祥和，陈荣秋. 顾客参与链：让顾客与企业共同创造竞争优势［J］. 管理评论，2006，18（1）：51-56.

[112] 雷·迈肯兹. 关系型企业——用CRM持久提升企业盈利［M］.赵中秋，甘泉，译.北京：企业管理出版社，2002.

[113] 朱朝晖. 探索性学习、挖掘性学习和创新绩效［J］.科学学研究，2008，26（4）：860-867.

价值共创模式下的顾客赢利性测量与管理

附　录

附录一：顾客口碑价值的形成机理研究调查问卷

尊敬的先生/女士：

您好！我们是大学教师和在校研究生。本次调查是一项学术性研究，目的是了解顾客口碑价值的形成机理。本问卷答案没有"对"与"错"之分，请根据自身的实际感受作答即可。我们保证对您的回答将完全保密。您的配合和支持，对本研究能否顺利完成至关重要，希望不要遗漏任何题项。衷心感谢您的支持与热心参与！

第一部分

1. 您每一个星期跟亲朋好友谈论这里的商品的次数大概有：

A. 没有　B. 1~2次　C. 3~7次　D. 8~14次　E. 15~21次　F. 21次以上

2. 每一个星期跟您谈论这里的商品的人数大概有：

A. 没有　B. 1~2人　C. 3~7人　D. 8~14人　E. 15~21人　F. 21人以上

3. 您的年龄：

A. 20岁以下　B. 20~30岁　C. 31~40岁　D. 41~50岁　E. 50岁以上

4. 您的学历：

A. 大专以下　B. 大专　C. 本科　D. 硕士研究生　E. 博士研究生

第二部分

（以下题目请根据您在现所在地点的消费情况和感受作答，用圆圈O圈出，很不同意=1，不同意=2，一般=3，同意=4，非常同意=5）

1.	在推荐这里的商品后，即使这里的价格比其他商店高一些，我的亲朋好友也会接受	1	2	3	4	5
2.	在推荐这里的商品后，我的亲朋好友都愿意支付高一点的价格	1	2	3	4	5
3.	在推荐这里的商品后，即使这里的价格比其他商店高一些，我的亲朋好友也会频繁地光顾这里	1	2	3	4	5
4.	在推荐这里的商品后，我的亲朋好友在这里购物花费的金额比以前多	1	2	3	4	5
5.	在推荐这里的商品后，我的亲朋好友在这里购买的商品种类更多	1	2	3	4	5
6.	在推荐这里的商品后，我的亲朋好友在这里购买的商品数量更多	1	2	3	4	5
7.	在推荐这里的商品后，我的亲朋好友会主动购买这里的商品	1	2	3	4	5
8.	在推荐这里的商品后，不需要企业广告宣传，我的亲朋好友也会购买这里的商品	1	2	3	4	5
9.	在推荐这里的商品后，不需要企业推销，我的亲朋好友也会乐意在这里购买商品	1	2	3	4	5
10.	在推荐这里的商品后，我的亲朋好友更喜欢购买这里的商品	1	2	3	4	5
11.	在推荐这里的商品后，我的亲朋好友在很长一段时间里都会来这里购物	1	2	3	4	5
12.	在推荐这里的商品后，我的亲朋好友经常会选择来这里购物	1	2	3	4	5
13.	在推荐这里的商品后，我的亲朋好友会优先选择来这里购物	1	2	3	4	5
14.	在推荐这里的商品后，即使这里的价格高一点，我也会购买这里的商品	1	2	3	4	5
15.	在推荐这里的商品后，即使这里的价格比其他商店高一些，我也会频繁光顾这里	1	2	3	4	5
16.	在推荐这里的商品后，即使这里的价格比其他商店高一些，我也可以接受	1	2	3	4	5
17.	在推荐这里的商品后，我在这里购物花费的金额也会比以前多	1	2	3	4	5

18.	在推荐这里的商品后，我在这里购买的商品种类也会更多	1	2	3	4	5
19.	在推荐这里的商品后，我在这里购买的商品数量会更多	1	2	3	4	5
20.	在推荐这里的商品后，我在很长一段时间里都会来这里购物	1	2	3	4	5
21.	在推荐这里的商品后，我也会积极购买这里的商品	1	2	3	4	5
22.	在推荐这里的商品后，我更喜欢购买这里的商品	1	2	3	4	5
23.	我会向亲朋好友介绍这里的商品	1	2	3	4	5
24.	我会跟亲朋好友分享或交流关于这里的商品信息	1	2	3	4	5
25.	我会建议亲朋好友光顾这里	1	2	3	4	5
26.	我会向亲朋好友提供有关这里的信息	1	2	3	4	5
27.	我会带亲朋好友来这里购物	1	2	3	4	5
28.	我经常与亲朋好友讨论这里的商品	1	2	3	4	5
29.	我经常与同事讨论这里的商品	1	2	3	4	5
30.	我会经常与那些和我有频繁社会接触的人讨论这里的商品	1	2	3	4	5
31.	我会经常与那些和我参加相同社会团体的人讨论这里的商品	1	2	3	4	5
32.	相比较周围的朋友，大家更喜欢向我询问关于这里的商品信息	1	2	3	4	5
33.	在讨论这里的商品时，在大多数情况下，大家都会采纳我的意见	1	2	3	4	5
34.	在讨论这里的商品时，更多时候是我把这里的商品信息告诉给朋友们	1	2	3	4	5
35.	在讨论这里的商品时，我总是充当着大家的智囊	1	2	3	4	5
36.	我很明确我对这里的真实态度是什么	1	2	3	4	5
37.	我很确定向亲朋好友所说的，能够反映我的真正想法和感受	1	2	3	4	5
38.	对所推荐商品的真正态度，我心里很清楚	1	2	3	4	5
39.	我很确定向亲朋好友所说的，是我真正的态度	1	2	3	4	5
40.	我很确定来这里购物是对的	1	2	3	4	5
41.	在推荐这里的商品后，我很确定亲朋好友对这里的态度跟我是一致的	1	2	3	4	5
42.	我很确定推荐这里的商品，能够很好表达我对这里的看法和感受	1	2	3	4	5

基本信息部分（由调查人直接填写）

Ⅰ. 被调查人的性别：

A. 男　　　B. 女

Ⅱ. 调查地点：

A. 广州百货　　　B. 正佳广场　　　C. 广州友谊商店

D. 摩登百货　　　E. 天河城百货　　　F. 广州王府井百货

G. 新大新　　　　H. 吉之岛超市　　　I. 华润万家

J. 屈臣氏　　　　K. 其他

附录二：顾客创新价值的形成机理研究调查问卷

尊敬的先生/女士：

您好！我们是大学教师和在校研究生。本次调查是一项学术性研究，目的是了解顾客创新价值的形成机理。本问卷答案没有"对"与"错"之分，请根据自身的实际感受作答即可。我们保证对您的回答将完全保密。您的配合和支持，对本研究能否顺利完成至关重要，希望不要遗漏任何题项。衷心感谢您的支持与热心参与！

填写说明：

　　（1）为了表述的简明性，本问卷把产品和服务统称为"产品"。

　　（2）被调查的消费者必须有参与指定企业的创新或设计活动。

　　（3）问卷中的"这里"和"该企业"都表示对应的具体调查点。

（调查人员在调查前必须向调查对象解释"填写说明"）

调查点＿＿＿＿＿＿＿＿＿＿＿　　被调查顾客性别＿＿＿＿＿＿＿＿＿＿

问卷部分

第一部分

1. 您每一个月光临这里的大概次数：

A. 2次以下　B. 2～5次　C. 6～10次　D. 11～20次　E. 20次以上

2. 平均每次光顾这里的大概消费金额：

A. 0元　　B. 1～100元　　C. 101～500元　　D. 501～1 000元

E. 1 001～5 000元　　　　　F. 5 001～10 000元　　G. 10 000元以上

3. 您的学历：

A. 大专以下　B. 大专　C. 本科　D. 硕士研究生　E. 博士研究生

4. 您的年龄：

A. 20岁以下　B. 20～30岁　C. 31～40岁　D. 41～50岁　E. 50岁以上

第二部分

（以下题目请根据您在现所在地点的消费情况和感受作答，用圆圈O圈出，很不同意=1，不同意=2，一般=3，同意=4，非常同意=5）

1.	我渴望得到具有个性化的产品	1	2	3	4	5
2.	我认为得到个性化的产品非常重要	1	2	3	4	5
3.	我渴望参与具有挑战性和创造性的活动	1	2	3	4	5
4.	我渴望展现自己的个性	1	2	3	4	5
5.	我认为参与创新或设计，有助于我个人的成长和发展	1	2	3	4	5
6.	根据我自身的知识、技能和能力，我能创造新的产品	1	2	3	4	5
7.	在没有其他人帮助的情况下，我能够设计出新的产品样式	1	2	3	4	5
8.	我自己就能够很好地设计出我喜欢的产品样式	1	2	3	4	5
9.	我相信自己能够创造性地解决问题	1	2	3	4	5
10.	我觉得自己擅长于产生原创性想法	1	2	3	4	5
11.	如果我参与该企业的创新活动，企业会给予我一些奖励品或优惠	1	2	3	4	5
12.	如果我设计出来的产品很受市场的欢迎，该企业会给予我一定的报酬或奖励	1	2	3	4	5
13.	该企业会为我提供良好的设备，让我设计想象中的理想产品样式	1	2	3	4	5
14.	该企业对我的新构思会表示兴趣、赞赏和认可	1	2	3	4	5
15.	如果我设计出来的产品很受市场欢迎，该企业会让我参与更多具有挑战性的创新或设计活动	1	2	3	4	5
16.	我所提出的新构思，改进了原有的产品或服务	1	2	3	4	5

17.	很多人认为我提出的新构思是新颖的	1 2 3 4 5
18.	很多人认为我提出的新构思很实用	1 2 3 4 5
19.	我所提出的新构思，能够很有效地改进原有产品或服务的功能	1 2 3 4 5
20.	我所提出的新构思，很受大众欢迎	1 2 3 4 5
21.	我会经常和其他用户讨论，关于新型产品或服务功能的设计问题	1 2 3 4 5
22.	我会积极扩大社区的影响力，吸引更多用户参与设计新型产品或服务功能的讨论	1 2 3 4 5
23.	我会积极参与到其他相关的讨论社区，和其他用户讨论产品或服务的改进问题	1 2 3 4 5
24.	我会主动邀请其他用户一起设计新型产品或服务功能	1 2 3 4 5
25.	我会采用多种途径（网络、面对面、电话等）向其他用户推荐自己设计的新型产品	1 2 3 4 5
26.	我会积极参与该企业的"客户意见调查"，并向它提供自己的需求信息	1 2 3 4 5
27.	我会向该企业提出新产品或服务的构思	1 2 3 4 5
28.	我在使用产品或服务过程中，会及时向提供商反馈问题，并提出改进的方法	1 2 3 4 5
29.	我会积极参加新的体验服务，并向该企业提供改进服务建议	1 2 3 4 5
30.	我会积极设计改进产品或服务的方案或思路	1 2 3 4 5
31.	我会积极与该企业探讨新构思实施的可能性	1 2 3 4 5
32.	该企业对我的建议能及时作出反馈	1 2 3 4 5
33.	该企业会完全采纳我的新构思	1 2 3 4 5
34.	该企业会为满足我的要求作出相应努力	1 2 3 4 5
35.	该企业能够很好地理解我提出的新构思	1 2 3 4 5
36.	该企业能够按照我的新构思，生产出我理想中的产品	1 2 3 4 5
37.	市场上有许多与这里类似的商家	1 2 3 4 5
38.	有许多其他企业也会提供类似的产品和服务	1 2 3 4 5

39.	我会经常去其他类似的商店消费	1	2	3	4	5
40.	市场上不断出现这种产品或服务的新款式	1	2	3	4	5
41.	由于能够拥有个性化的产品，所以我很愿意支付高一点的价格	1	2	3	4	5
42.	这里的价格比市场上的同类产品要高，但我依然会频繁地光顾这里	1	2	3	4	5
43.	我光顾这里时并不太考虑价格问题	1	2	3	4	5
44.	我在这里主要是想买到个性化的产品，价格高一些不重要	1	2	3	4	5
45.	因为在这里能够买到个性化产品，所以我在这里的购买额比以前要多	1	2	3	4	5
46.	因为在这里能够自己设计产品，所以我在这里购买的产品类型也增多了	1	2	3	4	5
47.	因为在这里能够自己设计产品，所以我会在这里购买更多的产品	1	2	3	4	5
48.	因为这里提供参与创新活动，所以不需要企业向我推销，我也会积极购买它的产品	1	2	3	4	5
49.	因为这里提供参与创新活动，所以我更喜欢购买这里的产品	1	2	3	4	5
50.	因为这里提供参与创新活动，所以我会向更多人推荐这里的产品	1	2	3	4	5
51.	自从参与了创新活动后，我更主动与这个企业交流信息，并购买产品	1	2	3	4	5
52.	自从参与了创新活动后，我更多时候是在这里购买所需要的产品	1	2	3	4	5

附录三：CLV关于θ导函数分析

令 $\dfrac{\mathrm{dCLV}_i}{\mathrm{d}\theta_i}=0$ ，则有

$$\frac{1}{(1-\theta_i)^2}\left\{(1+V_i)\left[\lambda_i(R_i-c)-b\right]+(1-\theta_i)^2(K_i-aV_i)-\lambda_i(R_i-c)e^{-(1-\theta_i)T}\right.$$
$$\left.\times\left[1+V_i+(1+V_i\theta_i)T(1-\theta_i)\right]\right\}=0$$

所以，$(1+V_i)\left[\lambda_i(R_i-c)-b\right]+(1-\theta_i)^2(K_i-aV_i)-\lambda_i(R_i-c)e^{-(1-\theta_i)T}$
$\times\left[1+V_i+(1+V_i\theta_i)T(1-\theta_i)\right]=0$

令 $f(\theta_i)=(1+V_i)\left[\lambda_i(R_i-c)-b\right]+(1-\theta_i)^2(K_i-aV_i)-\lambda_i(R_i-c)e^{-(1-\theta_i)T}$
$\times\left[1+V_i+(1+V_i\theta_i)T(1-\theta_i)\right]$

则 $f'(\theta_i)=2(K_i-aV_i)(1-\theta_i)-\lambda_i(R_i-c)Te^{-(1-\theta_i)T}\left[1+V_i+(1+V_i\theta_i)T\right.$
$\left.(1-\theta_i)\right]-\lambda_i(R_i-c)Te^{-(1-\theta_i)T}(V_i-1-2V_i\theta_i)$

$=2(K_i-aV_i)(1-\theta_i)-\lambda_i(R_i-c)Te^{-(1-\theta_i)T}\left[2V_i+(1+V_i\theta_i)T\right](1-\theta_i)$

$=\left\{2(K_i-aV_i)-\lambda_i(R_i-c)Te^{-(1-\theta_i)T}\left[2V_i+(1+V_i\theta_i)T\right]\right\}(1-\theta_i)$

令 $f'(\theta_i)=0$，则有 $2(K_i-aV_i)-\lambda_i(R_i-c)Te^{-(1-\theta_i)T}\left[2V_i+(1+V_i\theta_i)T\right]=0$
求得

$$\theta_i^*=\frac{\left\{LambertW\left[\dfrac{2}{\lambda_iT(R_i-c)}\cdot\dfrac{(K_i-aV_i)}{V_i}\cdot e^{(2V_i+T+TV_i)/V_i}\right]\right\}\cdot V_i-2V_i-T}{TV_i}$$

且当 $\theta_i<\theta_i^*$ 时，$f'(\theta_i)>0$，$f(\theta_i)$ 单调递增，$\mathrm{CLV}_i(\theta_i)$ 为凹函数；

当 $\theta_i > \theta_i^*$ 时，$f'(\theta_i) < 0$，$f(\theta_i)$ 单调递减，$\mathrm{CLV}_i(\theta_i)$ 为凸函数。

由 $f'(\theta_i) = 2(K_i - aV_i) - \lambda_i T(R_i - c)(2V_i + T)e^{-T}$，故当

$$K_i < \frac{aV_i + \lambda_i T(R_i - c)(2V_i + T)e^{-T}}{2}$$ 时，$f'(0) < 0$，则 $f(\theta_i)$ 在定义域

上存在两个零点 θ_{i1} 和 θ_{i2}（$\theta_{i1} < \theta_{i2}$），由 $f(\theta_i)$ 的函数性质可知，零点 θ_{i2} 为函数 $\mathrm{CLV}_i(\theta_i)$ 的最大值点。

当 $K_i > \dfrac{aV_i + \lambda_i T(R_i - c)(2V_i + T)e^{-T}}{2}$ 时，$f'(0) > 0$，则 $f(\theta_i)$ 在

定义域上存在唯一零点，为函数 $\mathrm{CLV}_i(\theta_i)$ 的最大值点。